"通古察今"系列丛书

改革家商鞅

仝卫敏 著

河南人民出版社

图书在版编目(CIP)数据

改革家商鞅 / 仝卫敏著. —— 郑州:河南人民出版社,2019.12(2024.5重印)
("通古察今"系列丛书)
ISBN 978-7-215-12103-4

Ⅰ.①改… Ⅱ.①仝… Ⅲ.①商鞅(约前390-前338)-人物研究 Ⅳ.①B226.25

中国版本图书馆 CIP 数据核字(2019)第273189号

河南人民出版社出版发行
(地址:郑州市郑东新区祥盛街27号 邮政编码:450016 电话:0371-65788077)
新华书店经销　　　　　　永清县晔盛亚胶印有限公司印刷
开本　787毫米×1092毫米　1/32　印张 6.625
字数　95千字
2019年12月第1版　　　　　　2024年5月第3次印刷

定价:58.00元

"通古察今"系列丛书编辑委员会

顾　问　刘家和　瞿林东　郑师渠　晁福林
主　任　杨共乐
副主任　李　帆
委　员　（按姓氏拼音排序）
　　　　安　然　陈　涛　董立河　杜水生　郭家宏
　　　　侯树栋　黄国辉　姜海军　李　渊　刘林海
　　　　罗新慧　毛瑞方　宁　欣　庞冠群　吴　琼
　　　　张　皓　张建华　张　升　张　越　赵　贞
　　　　郑　林　周文玖

序　言

在北京师范大学的百余年发展历程中，历史学科始终占有重要地位。经过几代人的不懈努力，今天的北京师范大学历史学院业已成为史学研究的重要基地，是国家首批博士学位一级学科授予权单位，拥有国家重点学科、博士后流动站、教育部人文社会科学重点研究基地等一系列学术平台，综合实力居全国高校历史学科前列。目前被列入国家一流大学一流学科建设行列，正在向世界一流学科迈进。在教学方面，历史学院的课程改革、教材编纂、教书育人，都取得了显著的成绩，曾荣获国家教学改革成果一等奖。在科学研究方面，同样取得了令人瞩目的成就，在出版了由白寿彝教授任总主编、被学术界誉为"20世纪中国史学的压轴之作"的多卷本《中国通史》后，一批底蕴深厚、质量高超的学术论著相继问世，如八卷本《中国文化发展史》、二十卷本"中国古代社会和政治研究丛书"、三卷本《清代理学史》、五卷本《历史文化认同与中国统一多民族国家》、二十三卷本《陈垣全集》，以及《历史视野下的中华民族精神》《中西古代历史、史学与理论比较研究》《上博简〈诗论〉研究》等,这些著作皆声誉卓著,在学界产生较大影响,得到同行普遍好评。

除上述著作外,历史学院的教师们潜心学术,以探索精神攻关,又陆续取得了众多具有原创性的成果,在历史学各分支学科的研究上连创佳绩,始终处在学科前沿。为了集中展示历史学院的这些探索性成果,我们组织编写了这套"通古察今"系列丛书。丛书所收著作多以问题为导向,集中解决古今中外历史上值得关注的重要学术问题,篇幅虽小,然问题意识明显,学术视野尤为开阔。希冀它的出版,在促进北京师范大学历史学科更好发展的同时,为学术界乃至全社会贡献一批真正立得住的学术佳作。

当然,作为探索性的系列丛书,不成熟乃至疏漏之处在所难免,还望学界同人不吝赐教。

北京师范大学历史学院
北京师范大学史学理论与史学史研究中心
北京师范大学"通古察今"系列丛书编辑委员会
2019 年 1 月

目 录

引 言 \ 1

第一章 风云诡谲的战国初年 \ 6
第一节 从春秋五霸到战国七雄 \ 6
第二节 蜂出并作的诸子 \ 10

第二章 自古英雄出少年 \ 27
第一节 初试锋芒 \ 27
第二节 "治世不一道，便国不必法古"——御前辩论 \ 31

第三章 商鞅变法 \ 38
第一节 商鞅变法史事考 \ 38
第二节 为国之数，务在垦草——《垦草令》解析 \ 43
第三节 治国作壹，以农战为教 \ 74

第四节　土地制度考析\78

第五节　"武爵武任""粟爵粟任"——爵制改革\89

第四章　商鞅之死\130

第一节　"孝公欲傳商君"说释疑\132

第二节　英雄末路\147

第三节　与商鞅并起的诸子\151

第五章　商鞅思想传承考析\165

第一节　门人、弟子等私徒属\166

第二节　秦国之众官吏——兼论"以吏为师"之制\171

结语　商鞅再评价\180

附录　商鞅大事年表\188

参考文献\193

引 言

战国诸子中,既在思想学识上堪称"博物君子",又能"出将入相"、立下卓著功勋者,商鞅可谓首选人物。商鞅变法于中国古史所产生的巨大影响亦远非春秋时代的管仲、叔向、子产等贤士大夫所能同日而语。作为前期法家的代表人物,商鞅身兼学者与执政者双重身份,这就使得他具有了既不同于先秦诸子,也不同于普通政治人物的特殊性。

集中记载商鞅思想及其变法实践的传世文献,除了《史记·商君列传》《秦本纪》《战国策·秦策》等之外,还有《商君书》。但自古以来关于该书的真伪问题一直聚讼不已,指陈该书为伪作的学者们,在论述商鞅变法时,往往另寻其他先秦文献而弃《商君书》而不用。有鉴于此,笔者在拙著《出土文献与〈商君书〉综合研究》中用了较大篇幅对《商君书》一书的成书年代问题做了逐篇考证与分析，主要结论如下：

传世本《商君书》中的绝大多数篇章都集中反映了商鞅的思想，只有少数几篇成书年代较晚，或是商鞅再传弟子所作，或是法家者流掇拾商鞅余说而成。因此，《商君书》基本上可以视为商鞅及其学派的著作。

其中属于商鞅亲著的篇目包括《垦令》《农战》《去强》《算地》《开塞》《战法》《立本》《兵守》《修权》《境内》《外内》《君臣》《禁使》《靳令》。此外，《更法》《说民》《弱民》《壹言》几篇虽非出自商鞅之手——或出自秦国史官笔录，或是亲闻商君之教的门客、私徒属所作——但这些篇章集中反映了商鞅的思想，亦可作为商鞅的著作来看待。

出自商鞅再传弟子之手的篇目包括《画策》《错法》《徕民》《赏刑》《慎法》，战国末年掇拾商鞅余论的法家者流作品为《定分》。[1]

尽管《商君书》非成于一时、一人之手，但其中

---

[1] 参见拙著：《出土文献与〈商君书〉综合研究》，新北：台湾花木兰文化出版社，2013年，第225—226页。各篇成书年代的详细论证，可以参阅该书上编：《商君书》分篇成书时代考证。

引 言

的内容与商鞅有着千丝万缕的联系。与广招门徒的诸子不同,作为政治家的商鞅,其思想传承与秦国的"以吏为师"之制大有关联。

时势造英雄!从春秋末到战国初年,社会结构发生重大变革,儒、墨、刑名之术及兵家等诸子蜂出并作。商鞅出身卫国公室,彼时的卫国,已彻底沦落为魏国的附庸小国。战国初年,卫人吴起宦游诸侯,曾先后在魏、楚两国建功立业,名扬天下。潜心研读诸子学说的商鞅,开始循着吴起的足迹,先到魏国谋求发展,后来终于在秦国得到孝公的重用,开展了轰轰烈烈的变法运动。商鞅变法是战国时期最为成功的改革,主要分为两大阶段:第一次变法着重在于广泛地动员社会,以便使秦国国富兵强。通过爵制和刑罚,驱使秦人致力于耕、战;无论贵贱,有功者爵赏,有过者刑罚加之。第二次变法则涉及移风易俗、中央集权制度的建设,包括禁止"父子兄弟同室内息",重新规划县制,设立县令、丞,土地制度改革,统一货币度量衡等更为深刻的社会变革。

与秦国的商鞅变法同时,诸侯纷言变法,法家学说在各国相继付诸实施。韩有申不害为相,国治兵强;

齐用邹忌改革内政，起用田忌、孙膑为将，成为"最强于诸侯"[1]的东方大国。当此之时，"天下方务于合纵连衡，以攻伐为贤"[2]。擅长攻守之术的兵家及墨者后学大受欢迎，在秦国也颇具声威。这些学说都成为讲求实效的商鞅关注的重点所在，而空谈危言及仁政学说的大儒孟子则到处碰壁，很难引起秦国当政者的兴趣。

英雄末路。与吴起一样，商鞅最终也惨遭车裂的结局。其生也荣，其死也烈。司马迁因商鞅"干孝公以帝王术，挟持浮说""所因由嬖臣""刑公子虔""欺魏将卬"等行迹而评价他是一个"天资刻薄人也"[3]，而放之"争于气力"[4]、诡道诈谋盛行的战国时代，则未免责之过甚。秦国因改革家商鞅的变法运动而国富兵强，

---

[1] 〔汉〕司马迁撰：《史记·田敬仲完世家》，〔宋〕裴骃集解，〔唐〕司马贞索隐，〔唐〕张守节正义，北京：中华书局，1982年，第1892页。
[2] 〔汉〕司马迁撰：《史记·孟子荀卿列传》，〔宋〕裴骃集解，〔唐〕司马贞索隐，〔唐〕张守节正义，北京：中华书局，1982年，第2343页。
[3] 〔汉〕司马迁撰：《史记·商君列传》，〔宋〕裴骃集解，〔唐〕司马贞索隐，〔唐〕张守节正义，北京：中华书局，1982年，第2237页。
[4] 〔清〕王先慎撰：《韩非子集解》卷19《五蠹》，钟哲点校，北京：中华书局，1998年，第445页。

引 言

最终实现了战国思想界所期待已久的"定于一"[1]政治格局,无论如何,这一伟大功绩是不容磨灭的。

---

[1] 杨伯峻译注:《孟子译注》卷1《梁惠王上》,北京:中华书局,1960年,第12页。

第一章　风云诡谲的战国初年

第一节　从春秋五霸到战国七雄

在古人所艳称的夏商周三代里,"郁郁乎文哉"[1]的周代是大儒孔子最为向往的朝代。"平王东迁"是西周与东周的分水岭,东周又分为春秋、战国两大时段,而"三家分晋""田氏代齐"则是划分春秋与战国两个时期的标志性事件。晋国的赵氏、魏氏、韩氏三个卿族早在周威烈王二十三年(前403)即被周天子承认为诸侯。晋静公二年,韩氏、赵氏、魏氏三家灭晋而分其地,迁静公为庶人。《史记·六国年表》记载,此事

---

[1] 程树德撰:《论语集释》卷6《八佾下》,程俊英、蒋见元点校,北京:中华书局,1990年,第182页。

发生在周安王二十六年(前376)。齐国的卿族田氏,在齐景公死后迅速崛起。公元前489年,田氏因联合旧贵族拥立齐悼公即位有功而任齐相,开始执掌齐国政权。公元前481年,田常弑杀齐简公,"齐自是称田氏"[1]。周安王十六年(前386),田襄子之孙——太公和被册命为齐侯,姜齐康公则被迁居海滨。

三家分晋使历史悠久的中原地区霸主——晋国灰飞烟灭。步其后尘的是,赵、魏、韩、齐、楚、秦、燕七国雄主相继登上政治舞台。对于从春秋时代的霸权迭兴到战国七雄逐鹿中原这一历史剧变,明清之际的著名思想家顾炎武曾有过一段精彩的评论:

> 如春秋时,犹尊礼重信,而七国则绝不言礼与信矣。春秋时,犹宗周王,而七国则绝不言王矣。春秋时,犹严祭祀,重聘享,而七国则无其事矣。春秋时,犹论宗姓氏族,而七国则无一言及之矣。春秋时,犹宴会赋诗,而七国则不闻矣。春秋时,犹有赴告策书,而七国则无有矣。邦无定交,士

---

[1] 〔汉〕司马迁撰:《史记·十二诸侯年表》,〔宋〕裴骃集解,〔唐〕司马贞索隐,〔唐〕张守节正义,北京:中华书局,1982年,第680页。

无定主，此皆变于一百三十三年之间。[1]

这种社会风俗变迁的显著变化，反映出战国七雄的思想面貌已经与春秋霸主截然不同。

春秋霸主普遍重礼尊王、推崇信义、敬畏神明，其突出代表者如齐桓、晋文，时常高举"尊王攘夷"的旗帜，主持诸侯国之间的会盟聘享。如学者所言，他们所扮演的是诸侯之长的角色[2]，兴灭国、继绝祀，扶助兄弟之国，凡此种种，皆是霸主美德的重要表现。

而到了战国时代，最早走向中央集权改革的，主要是那些由卿大夫等权臣取代国君而重建的国家，如韩、赵、魏、田齐等。换言之，周王室的式微，诸侯国君权的下移，刺激了战国时人重新追求强大君权的野心。称霸诸侯已满足不了各国雄主的野心，他们连诸侯之君——周天子也不放在眼里，他们要灭掉其他诸侯和周王室，由自己一统天下。如齐宣王曾向孟子

---

[1] 〔清〕顾炎武：《日知录集释》卷13"周末风俗"条，〔清〕黄汝成集释，秦克诚点校，长沙：岳麓书社，1994年，第467页。
[2] 晁福林：《霸权迭兴：春秋霸主论》，北京：生活·读书·新知三联书店，1992年，第292页。

第一章 风云诡谲的战国初年

诉说自己所孜孜以求的"大欲"。孟子表示愿闻其详,宣王却笑而不答。孟子便替他讲明,所谓"大欲",即"欲辟土地,朝秦楚,莅中国而抚四夷也"。[1]战国七雄当中,最终实现这一远大目标的,则是自商鞅变法而富强的秦国,秦始皇"振长策而御宇内,吞二周而亡诸侯,履至尊而制六合,执棰拊以鞭笞天下,威震四海"。[2]

与春秋诸侯争霸相比,战国时期列国之间的竞争已进入你死我活的白热化程度。战争规模之大、周期之长、伤亡之惨烈,皆是春秋时期所无法望其项背的。如《孟子·离娄下》有云:"争地以战,杀人盈野;争城以战,杀人盈城。"[3]战国中后期,秦攻韩、魏的伊阙之战,斩首二十四万;秦国攻击魏国华阳军一役,斩首十五万。著名的长平之战,秦、赵两国皆动用数十万兵力,经过长期鏖战才一决雌雄,秦将白起坑杀

---

[1] 杨伯峻译注:《孟子译注》卷1《梁惠王上》,北京:中华书局,1960年,第16页。
[2] 〔汉〕贾谊撰:《新书》卷1《过秦论上》,四部丛刊子部影印江南图书馆藏明正德乙亥吉藩刊本,第4页。
[3] 杨伯峻译注:《孟子译注》卷7《离娄上》,北京:中华书局,1960年,第175页。

赵军卒四十万，秦国自身亦伤亡惨重。白起亦曾感慨："今秦虽破长平军，而秦卒死者过半，国内空。"[1]

第二节 蜂出并作的诸子

在考察商鞅思想的来源时，前辈专家已注意到刑名之学、尸子学说、李悝之教、吴起兵家之术对他的影响。如杨宽先生最早注意到这几大因素，[2] 后来海外学者郑良树先生对上述四点作了详细分析[3]。这些认识其实是从商鞅思想的核心入手，"顺藤刨根"，对于我们把握商鞅的思想源头极具助益。然而除此之外，生逢战国前期的商鞅，还深受春秋战国之际及与他同时期各大学派思想的影响。这些学派的观点、主张也在时刻左右着商鞅思考的议题和观察问题的视角，无论他是赞成还是反对。因此，我们有必要从春秋战国之际的学术面貌这一宏大的背景来审视商鞅。

---

[1] 〔汉〕司马迁撰：《史记·白起王翦列传》，〔宋〕裴骃集解，〔唐〕司马贞索隐，〔唐〕张守节正义，北京：中华书局，1982年，第2336页。

[2] 杨宽：《商鞅变法》，上海：上海人民出版社，1955年，第11页。

[3] 郑良树：《商鞅评传》，南京：南京大学出版社，1998年，第85—90页。

第一章　风云诡谲的战国初年

对春秋战国之际的学术变迁，钱穆先生曾有一段全景式描绘：

> 孔子弟子之晚出一辈，如子夏、曾子，及其后辈如子思、曾西、申详、田子方、段干木、李克、吴起之徒。墨起与儒相抗，而儒术流衍为兵农（非九流农家）刑法诸家，皆在此期。时事之大者，为越霸诸夏，三家分晋，田氏篡齐，及魏文、鲁缪礼贤。春秋变而为战国，世袭之封建渐坏，游仕渐兴，乃先秦诸子学术之酝酿期也。[1]

钱先生所论甚是，商鞅未降生之前的学术状况大致如此。当此之时，诸子蜂出并作。兹撮其大端，分述如下：

1. 儒、墨两大显学

春秋战国之际，正是中国上古社会发生巨大转变的时期。当时的学术领域，以孔子为代表的儒家与以

---

[1] 钱穆：《先秦诸子系年·通表第二》，北京：商务印书馆，2001年，第605页。

墨翟为首的墨家竞争风流为主要面貌。对此，战国秦汉时人记忆尤深。

《吕氏春秋·有度篇》云："孔、墨之弟子徒属充满天下，皆以仁义之术教导于天下。"[1]《淮南子》亦云："孔子弟子七十，养徒三千，人皆入孝出悌，言为文章，行为仪表，教之所成也。墨子服役者百八十人，皆可使赴火蹈刃，死不还踵。"[2]"周室衰而王道废，儒、墨乃始列道而议，分徒而讼。"[3]

春秋末年，孔子（前551—前479）提出"仁"的学说，并首开私人讲学之风，开启了中国古代学术思想史上著名的子学时代。战国初年，以子夏、曾子为首的七十子后学，继续宣扬儒家学说。他们散游诸侯，大者为师傅卿相，小者友教士大夫。战国初年取霸中原的魏国在文侯、武侯时代，尊崇儒士，文侯尤以礼贤著称，他尊奉子夏为师。在儒家学说气息十分浓厚

---

[1] 〔战国〕吕不韦：《吕氏春秋新校释》，陈奇猷校释，上海：上海古籍出版社，2002年，第1660页。
[2] 何宁撰：《淮南子集释》卷20《泰族训》，北京：中华书局，1998年，第1405—1406页。
[3] 何宁撰：《淮南子集释》卷2《俶真训》，北京：中华书局，1998年，第138页。

的环境影响下,曾在魏国任中庶子的商鞅难免要受到影响。《史记·商君列传》载商鞅曾以帝、王、霸三道游说孝公,"吾说君以帝王之道,比三代,而君曰:'久远,吾不能待。且贤君者,各及其身显名天下,安能邑邑待数十百年以成帝王乎?'故吾以强国之术说君,君大说之耳。然亦难以比德于殷、周矣"。[1]

由此可见,尽管商鞅与孝公并未施行三代帝王兴起之道,而是采纳了能快速强国的霸道,但商鞅仍然认为,推行霸道之君主,其德行要逊于行帝道者。另外,商鞅在秦国位极人臣之际仍非常尊敬持儒家言的名士赵良。凡此种种皆可证儒家学说对商鞅影响之大。

需要指出的是,正统儒家思想在秦国影响不大,荀子曾以无儒为"秦国之短",[2]其实恰恰反映了儒者在秦国不受重视的事实。

与此同时,曾"学儒者之业,受孔子之术"的墨翟(前480—前390)认为,儒家学说"其礼烦扰而不悦,

---

[1] 〔汉〕司马迁撰:《史记·商君列传》,〔宋〕裴骃集解,〔唐〕司马贞索隐,〔唐〕张守节正义,北京:中华书局,1982年,第2336页。
[2] 〔清〕王先谦撰:《荀子集解》卷11《强国篇》,沈啸寰、王星贤点校,北京:中华书局,1988年,第304页。

厚葬靡财而贫民,(久)服伤生而害事,故背周道而用夏政"。[1]因此,他从非儒入手而自创墨家学说。墨子提出"兼爱""非攻""尚贤""尚同"等主张。墨子曾仕于宋,以"善守御,为节用"[2]著称。墨子也讲仁义忠孝,对于儒家典籍记诵娴熟,在言谈时常常征引《诗》《书》及各国《春秋》。[3]

因此,从对古代文化的继承来讲,孔、墨二人皆为博学多闻之士,甚至战国末年的韩非亦曾盛赞"博习辩智如孔、墨"。[4]墨子曾西使卫,而且其学说在卫

---

[1] 何宁撰:《淮南子集释》卷21《要略》,北京:中华书局,1998年,第1459页。

[2] 〔汉〕司马迁撰:《史记·孟子荀卿列传》,〔宋〕裴骃集解,〔唐〕司马贞索隐,〔唐〕张守节正义,北京:中华书局,1982年,第2350页。

[3] 需要说明的是,墨子的学说虽因先习儒而保留了儒家的一些思想因素,包括仁、义、忠、孝等名词术语,但其内容和特点与儒家大不相同。最明显的例子如"义利观",在儒家那里,"义"以礼为最高标准,凡符合于礼的言行即是义,而把"利"理解为私利、私欲,并认为对于利的追求必然会妨碍义的实行,从而在道德价值观的范围内把义和利对立起来,主张"仁者安仁""何必曰利",走向道义论。而墨子则既贵义又尚利,主张"义"以"利"为内容、目的和标准;其所尚之"利"主要是指"天下之利",他人之利,认为"利人""利天下"是仁者从事的最高目的,达到了义利观的统一,这无疑是一种功利主义思想。

[4] 〔清〕王先慎撰:《韩非子集解》卷18《八说》,钟哲点校,北京:中华书局,1998年,第425页。

国颇具影响力。据《墨子·耕柱篇》载，墨子使其弟子管黔激游说卫人高石子，卫君因此对高石子致禄甚厚，设之于卿。高石子三朝必尽言，而言无行者，高石子于是离卫投奔墨子门下。由此可见，在商鞅成长的卫国已然有墨者的身影。

墨子的尚贤尚同等主张，既包含着体现时代进步的积极思想，但同时也具有便于巩固和强化中央集权制的因素。如他所谓"上之所是，亦必是之，上之所非，亦必非之"的尚同主张，很容易为主张中央集权的法家人物商鞅所接受。墨子贵义，他所推崇的"利天下"思想对商鞅也有直接的影响。因此郭沫若曾说墨子的主张告密连坐（《尚同》中及下），"劝之以赏誉，威之以刑罚"（《兼爱》下）或"富贵以道（导）其前，明罚以率其后"（《尚同》下）的办法，"后来为商鞅、申不害、韩非之流的法家所极端扩大了"[1]，确为不刊之论。

---

[1] 郭沫若：《孔墨的批判》，载《十批判书》，北京：东方出版社，1996年，第116页。

2. "刑名之术"的集中体现——李悝、吴起之教

战国初年,法家的先行者李悝、吴起二人已经活跃于当时的政治舞台,并在魏、楚等国推行了顺应时代潮流的改革。对商鞅的思想和变法实践影响最大者当首推此二人。

李悝(前455—前395)[1]辅佐魏文侯,行"尽地力之教",结果使魏国一跃成为中原霸主。商鞅在游宦之初,首先来到魏国,在魏相公叔痤门下任中庶子。李悝的治国之道必定是商鞅私下里研习揣摩的重点,故而台湾学者杜正胜说商鞅"私淑于李悝,膺服'尽地力之教'",[2]并不过分。

李悝对商鞅的影响主要体现在两个方面:

首先,治国之道——"尽地力之教"及"平籴之法"。《汉书·食货志》对之记载甚详,其文曰:

---

[1] 有学者认为此李悝即李克,详见钱穆:《魏文侯礼贤考》,载《先秦诸子系年》,北京:商务印书馆,2001年,第153页。

[2] 杜正胜:《从爵制论商鞅变法所形成的社会》,《中央研究院历史语言研究所集刊》第56本第3分,台北:中央研究院历史语言研究所,1985年,第537页。

第一章 风云诡谲的战国初年

李悝为魏文侯作尽地力之教,以为地方百里,提封九万顷,除山泽邑居三分去一,为田六百万亩,治田勤谨则亩益三升,不勤则损亦如之。地方百里之增减,辄为粟百八十万石矣。又曰籴甚贵伤民,甚贱伤农;民伤则离散,农伤则国贫。故甚贵与甚贱,其伤一也。善为国者,使民毋伤而农益劝。[1]

紧接着分析了五口之家治田百亩的收入支出情况:

"岁收亩一石半,为粟百五十石",除去赋税及口粮,仅"余有四十五石";再除去祭祀及衣服花费,所余钱"不足四百五十";若遇"疾病死丧之费,及上赋敛",则可能会入不敷出。"此农夫所以常困,有不劝耕之心,而令籴至于甚贵者也。是故善平籴者,必谨观岁有上中下孰。上孰其收自四,余四百石;中孰自三,余三百石;下孰自倍,余百石。小饥则收百石,中饥七十石,大饥三十石。故大孰则上籴三

---

[1] 〔汉〕班固撰:《汉书·食货志》,〔唐〕颜师古注,北京:中华书局,1962年,第1124—1125页。

而舍一，中孰则籴二，下孰则籴一，使民适足，贾平则止。小饥则发小孰之所敛，中饥则发中孰之所敛，大饥则发大孰之所敛，而粜之。故虽遇饥馑水旱，籴不贵而民不散，取有余以补不足也。行之魏国，国以富强。"[1]

李悝的"尽地力之教"及"平籴之法"对商鞅影响很大。《商君书》中的《垦令》《农战》《去强》《算地》《开塞》等篇，主张大力开垦荒地，同时控制好粮食的流通，保证农业和农民不受到伤害；商鞅制定的法令也有所谓"大小僇力本业，耕织致粟帛多者，复其身"，鼓励民众努力生产。

其次，即李悝所创之《法经》。《晋书·刑法志》云：

> 悝撰次诸国法，著《法经》。以为王者之政，莫急于盗贼，故其律始于《盗》《贼》。盗贼须劾捕，故著《网》《捕》二篇。……是故所著六篇而已，然皆罪名之制也。商鞅受之以相秦。[2]

---

[1] 〔汉〕班固撰：《汉书·食货志》，〔唐〕颜师古注，北京：中华书局，1962年，第1125页。

[2] 〔唐〕房玄龄等撰：《晋书》卷30，北京：中华书局，1974年，第922页。

此外,《魏书·刑罚志》亦云:

> 商君以《法经》六篇,入说于秦,议参夷之诛,连相坐之法。[1]

这说明李悝和商鞅制定的秦律之间有着一脉相承的关系。可惜《法经》今已亡佚,李悝的刑法观念,据《说苑·反质篇》记载:

> 魏文侯问李克(悝)曰:"刑罚之源安生?"李克曰:"生于奸邪淫佚之行。凡奸邪之心,饥寒而起。淫佚者,久饥之诡也。雕文刻镂,害农事者也。锦绣纂组,伤女工者也。农事害,则饥之本也;女工伤,则寒之原(源)也。……故上不禁技巧则国贫民侈。国贫民侈则贫穷者为奸邪,而富足者为淫佚。则驱民而为邪也。民以为邪,因

---
[1] 〔北齐〕魏收撰:《魏书》卷111,北京:中华书局,1974年,第2872页。

以法随诛之,不赦其罪,则是为民设陷也。"[1]

由《反质篇》可见,李悝主张对富裕者的无谓浪费以及旧贵族的奢侈生活享受,要加以限制。这些思想倾向显然对商鞅有直接的影响,《商君书·垦令篇》云:"声服无通于百县","壹山泽,则恶农、慢惰、倍欲之民无所于食","贵酒肉之价,重其租"。[2]《壹言篇》曰:"民壹则朴,朴则农。农则易勤,勤则富。富者废之以爵,不淫;淫者废之以刑而务农。"[3]

卫人吴起(前440—前381),曾先后仕于鲁、魏,屡建战功。后至楚,楚悼王任吴起为相,实行变法。对于商鞅而言,吴起的意义更为特殊。

同为卫人的吴起,作为商鞅的前辈,他游宦各国,既立下卓越的战功,又有不俗的政绩。最后因为在楚国主持变法而遭到旧贵族的报复,惨死于乱箭之下。商鞅少好刑名之学,对吴起的言、行应非

---

[1] 〔汉〕刘向撰:《说苑校证》,向宗鲁校证,北京:中华书局,1987年,第518—519页。
[2] 蒋礼鸿撰:《商君书锥指》,北京:中华书局,1986年,第10—12页。
[3] 蒋礼鸿撰:《商君书锥指》,北京:中华书局,1986年,第61页。

常熟悉。吴起之惨死非但未能使商鞅却步，反倒令他坚信法家之学确为强国的必由之路；而且从一开始外出干禄，商鞅就选择了取霸中原的魏国，因为李悝、吴起曾在这里行法家之策，他给自己找到了恰当的起点。

吴起早年以善用兵而出名。他曾学于曾子，事鲁君。在鲁国时率军打败强齐，并由此声名鹊起。至魏后，文侯以起为将，他又率兵攻下秦国的河西五座城，于是被任西河守。吴起能被楚昭王重用，也首先源于他精于用兵之道。吴起至楚后又显露出卓越的治国才能。他教楚悼王以楚国之俗，曰："大臣太重，封君太众，若此则上逼主而下虐民，此贫国弱兵之道也。不如使封君之子孙三世而收爵禄，绝灭百吏之禄秩；损不急之枝官，以奉选练之士。"[1] 此举从简政出发而达到强兵之效。有鉴于楚国地大民少且分布不均的特点，吴起还下令"贵人往实广虚之地"[2]，这样既打击了强宗

---

[1] 〔清〕王先慎撰：《韩非子集解》卷4《和氏》，钟哲点校，北京：中华书局，1998年，第96—97页。

[2] 〔战国〕吕不韦：《吕氏春秋新校释》六论之《开春论第一·贵卒》，陈奇猷校释，上海：上海古籍出版社，2002年，第1483页。

大族，又开垦了荒地，实现了富国的目标。秦应侯范雎曾称赞吴起，"使私不害公，谗不蔽忠，言不取苟合，行不取苟容，行义不固毁誉"。[1]

虽然由于楚国的公族势力庞大，吴起的改革最终归于失败，但他的这些治国之道后来被商鞅行用于秦。在商鞅身上，处处可见吴起的影子：

商鞅在秦国变法取得成功，在秦主政期间，他也曾多次率兵出征，荀子称他为"世俗之所谓善用兵者也"。[2]传世本《商君书》中亦保留了不少关于用兵之道的言论。商鞅变法时特别指出"有功者显荣，无功者虽富无所芬华"。对秦国宗室贵族也明令"非有军功，论不得属籍"，《垦令篇》中有对"禄厚而税多"者"赋而重使之""均出余子之使令"等针对贵族的举措。为厉行法治，商鞅还有过黥劓太子师、傅的举动。

---

[1] 〔汉〕刘向集录：《战国策·秦策三》，上海：上海古籍出版社，1998年，第212页。
[2] 〔清〕王先谦撰：《荀子集解》卷10《议兵篇》，沈啸寰、王星贤点校，北京：中华书局，1988年，第276页。

3. 孙武的兵家之教——《孙子兵法》与银雀山汉简《吴问》

在商鞅之前,除儒、墨两大显学及李悝、吴起等早期法家人物之外,孙武的兵家之教对当时及战国时代的影响也不容忽视。从商鞅后来在秦国主持变法和对外征伐的事迹来看,兵法、兵书自当在商鞅的学习范围之内。因此,探讨商鞅思想的来源,孙武的兵家之教也是不能回避的话题。

孙武,生卒年已不可考,约与孔子同时,为春秋末年人。他本出自齐国贵族,因齐内乱而流亡至吴。《史记·孙子吴起列传》记载孙武以兵法十三篇见于吴王阖闾,在"吴宫教战",吴王"卒以为将。西破强楚,入郢,北威齐晋,显名诸侯,孙子与有力焉"。[1] 由此推知,孙武为将、从政经历主要在吴王阖闾在位(前514—前496)的十余年间。

《汉书·刑法志》云:"吴有孙武,齐有孙膑,魏

---

[1] 〔汉〕司马迁撰:《史记·孙子吴起列传》,〔宋〕裴骃集解,〔唐〕司马贞索隐,〔唐〕张守节正义,北京:中华书局,1982年,第2161—2162页。

有吴起,秦有商鞅,皆禽敌立胜,垂著篇籍。"[1] 与之相应,《汉书·艺文志》的兵权谋类,首列《吴孙子兵法》八十二篇(颜师古注曰:孙武,臣于阖闾)[2],次列《齐孙子》八十九篇、《公孙鞅》二十七篇、《吴起》四十八篇。孙武的军事思想立足于政治、经济基础之上,将土地耕种面积、粮食产量与兵力数额作为一个整体来综合考虑。如《孙子兵法·形篇》云:"兵法:一曰度,二曰量,三曰数,四曰称,五曰胜。地生度,度生量,量生数,数生称,称生胜。"[3] 这里讲的正是古代的算地出卒之法。此处的"度"指"度地",即对土地面积的丈量,"量"指粮食产量,"数"指出兵员额,"称"

---

[1] 〔汉〕班固撰:《汉书·刑法志》,〔唐〕颜师古注,北京:中华书局,1962年,第1085页。
[2] 孙武的著作从初见吴王时的兵法十三篇,后来又有所补充增加,到《汉志》记载的《吴孙子兵法》八十二篇,其中有无后人附翼部分已不可考。目前《孙子兵法》主要版本有三种:其一为曹操注本及其后的十家注或十一家注本。东汉末年曹操选择对《孙子兵法》中的十三篇进行注释,淘汰了其余各篇,后来的"十家注"均以曹注为首,并形成了魏武帝注本和"十家注"(十一家注)本。其二,武经七书本。北宋神宗时期钦定《孙子》为武经七书之首,是为武经七书本。其三,银雀山汉简本,是目前最早的版本,其中有不见于现存十三篇的佚文,应为《孙子兵法》的失传部分。
[3] 李零:《吴孙子发微·形第四》,北京:中华书局,1997年,第57页。

是指敌我实力优劣的比较。概言之，即土地面积决定粮食产量，粮食产量决定出兵员额，出兵员额决定敌我优劣，敌我优劣决定战争胜负。

可见，孙武的军事思想中蕴含着对"农"与"战"关系的深刻认识。而这一思想也被商鞅所继承，《商君书·算地篇》在论述土地和战争的关系时曾明确指出，治理国家应做到耕地占国土面积的十分之六，这样"方土百里"之内才能征调"战卒万人"，"故兵出粮给而财有余，兵休民作而畜长足。此所谓任地待役之律也"。[1]

自《汉志》以来的传统目录学著作，一般将孙武归为兵家或兵权谋家的代表人物，而事实上春秋战国时代的杰出军事家，往往也是著名的政治家，孙武也不例外。银雀山出土的《吴问》篇可以提供直接的证据，证明孙武本人是一位有远见的具有法家思想的政治家。在《吴问》篇中，孙武对晋国六卿灭亡次序的分析，主要着眼于六卿在经济、政治领域的改革力度，并预测晋国将归于亩制为二百四十步的

---

[1] 蒋礼鸿撰:《商君书锥指》，北京：中华书局，1986年，第43—44页。

赵氏之手。这些观点体现出法家思想的特色,并且被商鞅行之于秦。[1]

　　总之,在商鞅之前,先秦思想学术正处于酝酿发酵时期。春秋末年帮助吴国显名诸侯的孙武学说在战国时代流传颇广,其兵学思想和主张改革的政治思想对吴起、商鞅等人均有影响,而其军事思想则主要被孙膑等兵家人物所继承。春秋战国之际,儒、墨两家并称显学,而以李悝、吴起为代表的"刑名之术"也开始在政治舞台上初现成效。由于门徒甚众,儒、墨之思想主张流传广泛,商鞅对之也很熟悉,特别是墨子学说对商鞅思想产生了直接的影响。但相对于儒、墨的迂远空言,商鞅本人更为喜好务实的刑名之术,因为他迫切地渴望建功立业。

---

[1] 吴树平:《从临沂汉墓竹简〈吴问〉看孙武的法家思想》,《文物》1975年第4期,第6—13页。

第二章　自古英雄出少年

第一节　初试锋芒

商鞅（约前390—前338）[1]，姓公孙氏，名鞅，卫国人，因此也叫卫鞅。《史记·商君列传》记载商鞅出身于卫国公族，是"卫之诸庶孽公子"。[2]

卫国早在昭公（约前442—前436）时，就已沦为

---

[1] 关于商鞅的生卒年代，本文主要参考钱穆的观点，见钱穆：《附诸子生卒年世约数》，载《先秦诸子系年》，北京：商务印书馆，2001年，第695页。全文其他诸子的生卒年代如无特别指出，亦参考此书，余不赘引。
[2] 〔汉〕司马迁撰：《史记·商君列传》，〔宋〕裴骃集解，〔唐〕司马贞索隐，〔唐〕张守节正义，北京：中华书局，1982年，第2227页。

依附三晋的附庸小国。[1]到商鞅出生时,正值卫慎公(约前425—前383)在位末年。与鲁、宋、郑三国一样,卫国属于二等诸侯国。虽然地处中原,文化发展水平较高,但传统包袱沉重,在春秋战国之际日趋贫弱。卿大夫势力有相当程度的发展,其中卫国公族南氏在春秋末年崛起。公子郢,字子南,卫灵公之子。灵公欲立其为太子,公子郢坚辞。其子弥牟,即卫灵公之孙,称公孙弥牟,其后裔又称公孙氏,在卫国亦颇有影响。公元前470年,他主谋驱逐卫出公,后立悼公而为其相。公孙弥牟又称卫将军文子,已是集军政大权于一身的权臣。古本《竹书纪年》载,"卫将军文子为子南弥牟,其后有子南劲,朝于魏。后惠成王如卫,命子南为侯"。[2]有学者梳理相关史料,指出子南劲即位在前361年,与秦孝公同年;十六年后,即公元前346年,才正式受梁惠王册命为卫成侯。作为"卫之庶孽公子"

---

[1] 《史记·卫康叔世家》云"是时三晋强,卫如小侯,属之"。见〔汉〕司马迁撰:《史记·卫康叔世家》,〔宋〕裴骃集解,〔唐〕司马贞索隐,〔唐〕张守节正义,北京:中华书局,1982年,第1603页。按:卫昭公在位仅6年,其后历怀公(在位11年)、慎公(在位42年)、声公(在位11年)至成公十六年,卫贬号为侯。

[2] 详见《史记·周本纪》裴骃《集解》引《汲冢古文》,北京:中华书局,1982年,第170页。

的商鞅很有可能是子南劲的庶兄弟。[1] 子南氏取卫之后，卫国彻底成为中原霸主魏国的附庸，在周边国家已无政治影响可言。

战国初年，受李悝、吴起等人在魏、楚等国实现变法的巨大影响，卫国也产生了法家思想的萌芽。商鞅诞生在这样一个国度，故他年少时虽然对当时的儒、墨、兵等各派学说谙熟于心，却最为喜好"刑名之学"。卫国的积弱导致他很难有所作为。因此，学有所成的商鞅满怀治国平天下的壮志豪情，开始寻找"栖身之佳木"。环视诸侯国，魏文侯任用李悝变法，一跃成为中原霸主。此外，文侯还任用以善用兵著称的吴起为西河郡守，选练能征善战之武卒。对于偏好法家之学的商鞅而言，魏国自然成为首选。

公元前365年左右，循着李悝、吴起的足迹，商鞅赴魏，投奔魏相公叔痤门下，任中庶子。据学者考证，所谓"庶子"或"中庶子"，"是战国时代诸国君主的侍从家臣，也是当时贵族以及其他高官的私门宿卫"。[2]

---

[1] 刘卓异：《子南劲取卫考》，《殷都学刊》2018年第1期，第46—47页。
[2] 〔日〕增渊龙夫：《中国古代的社会与国家》，吕静译，上海：上海古籍出版社，2017年，第180页。

商鞅的身份当与此相类，任职虽仅四年，但却甚得公叔痤的赏识。《史记·商君列传》记载，公叔痤在病危之际还特别向魏惠王举荐商鞅，"年虽少，有奇才，愿王举国而听之"。希望惠王能对商鞅予以重任，让他接替自己担任相职，治理魏国。但是惠王沉默不应。惠王临走的时候，公叔痤又屏退左右进一步劝谏，"王即不听用鞅，必杀之，无令出境"。如果不打算任用商鞅，就一定要杀了他，免得他离开魏国跑去帮助别的国家。惠王勉强答应后离开，公叔痤又将实情告诉商鞅，劝他抓紧时间逃跑。商鞅对曰："彼王不能用君之言任臣，又安能用君之言杀臣乎？"[1] 他最终没有离去，一直守在公叔痤左右。

这段初试锋芒的短暂经历，足以证明商鞅的确具有过人的才智和非凡的胆识。

公叔痤死后，听闻远在西垂的秦孝公"下令国中求贤者"，"宾客群臣有能出奇计强秦者，吾且尊官，

---

[1] 〔汉〕司马迁撰：《史记·商君列传》，〔宋〕裴骃集解，〔唐〕司马贞索隐，〔唐〕张守节正义，北京：中华书局，1982年，第2227页。

与之分土"。[1] 商鞅当机立断，西入秦。

第二节 "治世不一道，便国不必法古"——御前辩论

作为一个外来宾客，商鞅在秦国毫无根基。为了争取面见秦孝公的机会，他颇费了一番功夫。最终接近孝公的宠臣景监，通过其举荐才得以被召见。由于初来乍到，对孝公的治国理念并不了解，商鞅的游说可谓一波三折。第一次讲远古帝王之道，"语事良久，孝公时时睡，弗听"。事后，孝公怒斥景监曰："子之客妄人耳，安足用邪！"第二次讲三代圣王之道，孝公虽然没有听进去，但对商鞅渐生好感。第三次游说，商鞅着重阐述强国之霸道，最终君臣相谈甚欢，商鞅因此得到孝公的赏识。后来，景监与商鞅讨论三次游说改变主题的缘由，商鞅解释说，因为秦孝公认为上古帝王之道过于久远，贤明君主，谁不希望自己在位的时候就能名扬天下，怎么能默默等待几十年、几百

---

[1]〔汉〕司马迁撰：《史记·秦本纪》，〔宋〕裴骃集解，〔唐〕司马贞索隐，〔唐〕张守节正义，北京：中华书局，1982年，第202页。

年才成就大业呢?

孝公三年(前359),商鞅开始在秦国酝酿变法改革,首当其冲的对手,是以甘龙、杜挚等为首的秦国旧贵族们。于是双方在秦孝公面前展开了一场关于要不要变法的御前辩论。关于这段史事,司马迁撰《史记·商君列传》时所用文字与《商君书·更法篇》的内容近乎雷同,后来刘向在《新序》一书中多次列举商鞅的变法主张,其中《善谋篇》更是抄录《更法篇》全文,只在首尾处稍有改易。《更法篇》是现存本《商君书》的首篇,其中所记御前辩论的内容,很可能是秦国史官的实录[1]。

这场辩论由秦孝公主持,商鞅与众臣参与。

孝公首先发问,"代立不忘社稷,君之道也。错法务明主长[2],臣之行也。今吾欲变法以治,更礼以教百姓,恐天下之议我也"。孝公作为一国之君,不忘

---

[1] 一般认为司马迁写《史记·商君列传》御前辩论一段时主要参考了《商君书·更法篇》,我们更倾向于认为两者的取材可能同出一源,即皆源自秦国史官记录。详见拙著:《出土文献与〈商君书〉综合研究》,新北:台湾花木兰文化出版社,2013年,第69—81页。

[2] 此处的隶定参照高亨注译:《商君书注译》,北京:中华书局,1974年,第4页。

社稷之本，想要变更法度来治理国家，改革礼制来教导百姓，但是担心天下人会批评他，因此征求群臣的意见。

公孙鞅接过话题，"臣闻之，疑行无名。疑事无功。……且夫有高人之行者，固见负于世。有独知之虑者，必见骜于民"。奉劝孝公不要迟疑，早日颁布变法的命令。后又引用俗语及辅佐晋文公变法的郭偃等人的言论，支持孝公的变法主张，"苟可以强国，不法其故；苟可以利民，不循其礼"。

反对派旧贵族甘龙率先出来应战，他搬出圣人和智者的做法加以反对，"圣人不易民而教，知者不变法而治"，圣人不会更换民众来教导，智者也不会改弦更张来治理天下。"今若变法，不循秦国之故，更礼以教民，臣恐天下之议君，愿孰察之。"现在如果要变法，不遵循秦国旧有的治国之道，改变礼制来教导民众，恐怕天下人会因此议论国君，希望孝公能认真考虑此事。甘龙之言，既反驳了商鞅，又重申了孝公的担忧。

商鞅不甘示弱，径直批评甘龙所言是"世俗之言也"，"三代不同礼而王；五霸不同法而霸"。夏商周三代礼制不同，而皆成为天下王者；春秋五霸的法度不同，而都成就了霸业。"故知者作法，而愚者制焉。贤者更礼，而不肖者拘焉。"因此，劝孝公坚定变法，不用迟疑。

杜挚接替甘龙再次劝谏孝公，"利不百，不变法。功不十，不易器。臣闻法古无过，循礼无邪"。他主张没有百倍的利益，就不要变更法度；没有十倍的功效，就不要更换器具。效法古人不会有过错，遵循古礼也不会有奸邪。希望孝公能好好考虑，不要轻易变法。

而商鞅则紧紧抓住杜挚"法古""循礼"等字眼反唇相讥，"前世不同教，何古之法？帝王不相复，何礼之循？"，又援引伏羲、神农、黄帝、尧、舜及汤武之兴、夏殷之灭的故事，论证"反古者未必可非，循礼者未足多也"的道理。最终孝公听从了商鞅的建议，决心变法。

从全篇对商鞅与甘龙、杜挚等人的辩论记载来看，《更法篇》不仅记载生动形象，言论符合人物身份及个性，而且双方措辞既针锋相对，又连贯、紧凑。若非亲临其境，很难有如此细致而形象的描述。而秦国的

第二章　自古英雄出少年

史官之制在献公、孝公时代日臻成熟，记录御前辩论当属史官分内之事。《史记·秦本纪》记载："（文公）十三年，初有史以纪事，民多化者。"[1]而根据学者对《史记·秦本纪》史料来源的考察，自文公十三年设立"史"官以后，秦国的"史"开始有纪年的记事。但这些记录基本是以祭祀、征伐为中心的记事，而到了战国初年特别是秦献公、孝公时代，则变成了大事记形式的记录，几乎每年都有记事，而且连孝公的命令文书也大段引用。[2]本着"古之王者世有史官，君举必书，所以慎言行，昭法式也。左史记言，右史记事"[3]的古训，像孝公欲行变法这样的重大决策，由公孙鞅、甘龙、杜挚三人在御前辩论，恐怕不会没有史官旁听、记录。因此，秦国的史官应该会记录下商鞅等人在孝公面前展开的这场对秦国国运影响深远的大辩论。

御前辩论一事最初极有可能出自秦国史官之手，

---

[1]〔汉〕司马迁撰：《史记·秦本纪》，〔宋〕裴骃集解，〔唐〕司马贞索隐，〔唐〕张守节正义，北京：中华书局，1982年，第179页。

[2]〔日〕藤田胜久：《〈史记〉战国史料研究》第2编第1章，曹峰、〔日〕广濑薰雄译，上海：上海古籍出版社，2008年，第250—256页。

[3]〔汉〕班固撰：《汉书·艺文志》，〔唐〕颜师古注，北京：中华书局，1962年，第1715页。

并保存在秦国的档案中。后人(疑为商鞅后学)在搜集编纂商鞅言论时将之编入《商君书》。司马迁在写《商君列传》时也看到了这些材料,并直接引用,所以《商君列传》御前辩论部分才与《更法篇》惊人地相似。而后人(疑为商鞅后学)这种改编的痕迹从《更法篇》中也可以找到蛛丝马迹。

其一,篇末的"于是遂出《垦草令》"是最为明显的内证。贯穿《更法篇》的一个主题即要不要变法而治,商鞅主张要变法,甘龙、杜挚等人反对,孝公最终支持商鞅的变法主张。文末"于是遂出《垦草令》"一句和全篇文气、主题明显脱节,当是后人为使商鞅著作保持前后连贯性而增加的,因为紧随《更法篇》之后的就是《垦令篇》。

其二,篇中关键人物的称谓也暗藏些许线索。《更法篇》开篇即称"孝公"之谥,文中又两次出现"孝公"的称谓。如果我们抛开"伪书"说的成见,后人编纂前人著作时对已故国君改称谥号是极为自然的事。不过,这种改动并不彻底。篇中第二段又称孝公为"君",商鞅、甘龙、杜挚三人在辩论中也无一例外地都称孝公为"君",如"君亟定变法之虑""臣恐天下之议君""君无疑矣""君其图之"等等,这些都提示我们《更法篇》最初应是称孝公为"君"的。对于商鞅的名号,《更法篇》反倒一仍史官记录之旧,一律作"公孙鞅"。作为战国政坛上的风云人物,商鞅在秦国之履历众人皆知。在与甘龙等人辩论之前,变法尚未开始,时人称他作卫鞅或公孙鞅是符合实际的。商鞅的名号是由于他获封商、於之地后所得,其事远在孝公十八年之后。或许因为这个缘故,改编者不便随意更改,才保留了原样未动。

需要指出的是,尽管御前辩论环节商鞅反复重申要变法的理由,但是对如何变法却几乎只字未提,这或许由于当时甘龙、杜挚等反对意见较大,秦孝公特别安排他们和商鞅进行一场公开的辩论,目的仍在于说服反对派,尽管事实上这一举措并未完全奏效。孝公最终下令实行变法时,商鞅才正式提出关于变法的各项措施。

第三章　商鞅变法

第一节　商鞅变法史事考

《史记·秦本纪》和《商君列传》都对商鞅变法的经过有详细的叙述，但关于变法的先后顺序，两者的说法却不太一致。

《秦本纪》云：

> （孝公）三年，卫鞅说孝公变法修刑，……卒用鞅法，百姓苦之；
> 居三年，百姓便之。乃拜鞅为左庶长。
> ……
> 十年，卫鞅为大良造，将兵围魏安邑，降之。

第三章 商鞅变法

> 十二年,作为咸阳,筑冀阙,秦徙都之。并诸小乡聚,集为大县,县一令,四十一县[1]。为田开阡陌。东地渡洛。
>
> 十四年,初为赋。十九年,天子致伯。二十年,诸侯毕贺。秦使公子少官率师会诸侯逢泽,朝天子。[2]

而《商君列传》则混而言之,商鞅与杜挚等在御前辩论之后,即言:

> 以卫鞅为左庶长,卒定变法之令。
>
> ……
>
> 行之十年,秦民大说……于是以鞅为大良造。将兵围魏安邑,降之。

---

[1] 《史记·六国年表》与《商君列传》同,均作"三十一县",独《秦本纪》作"并诸小乡聚,集为大县,县一令,四十一县"。日人泷川资言取清儒俞樾之说,认为"古三四字多积画,往往致误",《秦本纪》的"四"应为"三"之误。见〔汉〕司马迁撰:《史记会注考证附校补》卷5,〔日〕泷川资言考证,〔日〕水泽利忠校补,上海:上海古籍出版社,1986年,第132页。

[2] 〔汉〕司马迁撰:《史记·秦本纪》,〔宋〕裴骃集解,〔唐〕司马贞索隐,〔唐〕张守节正义,北京:中华书局,1982年,第203页。

居三年,作为筑冀阙宫庭于咸阳,秦自雍徙都之。

……

居五年,秦人富强,天子致胙于孝公,诸侯毕贺。[1]

比较上述记载,可以看出只有孝公十年,商鞅爵拜大良造一事一致,其余史事均有出入。因此,有必要对商鞅变法的重要史实加以辨析。

首先,第一次变法的起始年代。

《秦本纪》谓:"(孝公)三年(前359),卫鞅说孝公变法修刑,内务耕稼,外劝战死之赏罚,孝公善之。甘龙、杜挚等弗然,相与争之。卒用鞅法。"

而《商君列传》则云:"以卫鞅为左庶长,卒定变法之令。"

根据上文胪列《秦本纪》的记载得知,商鞅为左庶长在孝公六年(前356)。而《商君列传》所述"以卫鞅为左庶长,卒定变法之令"紧随御前辩论之后,由

---

[1] 〔汉〕司马迁撰:《史记·商君列传》,〔宋〕裴骃集解,〔唐〕司马贞索隐,〔唐〕张守节正义,北京:中华书局,1982年,第2229—2231页。

此似可推断变法在孝公三年。

那么变法究竟始于何年？《秦本纪》与《商君列传》哪个可信？我们认为应以《秦本纪》的说法更为妥当。其一，变法伊始，商鞅初来乍到尚未有功于秦，爵拜左庶长也有些唐突；只有初见成效后任左庶长方合乎情理。其二，结合《商君书》中的《更法》《垦令》两篇及《战国策·秦策一》《韩非子·和氏》等文献的相关记载，可知商鞅第一次变法应始于孝公三年，此时所颁布的主要是《垦草令》，这只是一个关于开垦荒地的具体方案，它能保证秦国在短期内具备一定的经济基础，并非商鞅统筹全局的总体规划。而从《垦草令》发轫到孝公六年（前356），秦国才发布了全面的变法命令。

第一次变法的主要内容，概言之，即如《商君列传》所述：

> 令民为什伍，而相牧司连坐。不告奸者腰斩，告奸者与斩敌首同赏。匿奸者与降敌同罚。民有二男以上不分异者倍其赋。有军功者各以率受上爵，为私斗者各以轻重被刑。大小僇力，本业耕织，

致粟帛多者复其身。事末利及怠而贫者举以为收孥。宗室非有军功,论不得为属籍。[1]

这八项内容,贯串其中的指导思想即通过明确赏罚将民众严密组织起来从事农战,利用连坐和互相监督防止奸邪之举,从什伍组织到军功爵制度,从奖励耕织到对末业的处罚,等等,皆有明确的法令。与《垦草令》相比,无疑更为系统和全面。

其次,商鞅第二次颁布变法令的时间。

《商君列传》关于第二次变法令的颁布时间含糊其辞,只是对法令的内容记述得比较清晰,其文云:

> 秦自雍徙都之,而令民父子兄弟同室内息者为禁。而集小都乡邑聚为县,置令、丞,凡三十一县。为田开阡陌封疆,而赋税平。平斗桶权衡丈尺。行之四年,公子虔复犯约,劓之。

---

[1] 此处的标点从日人泷川资言之说并略有改动,见〔汉〕司马迁撰:《史记会注考证附校补》卷68,〔日〕泷川资言考证,〔日〕水泽利忠校补,上海:上海古籍出版社,1986年,第1354—1355页。

第三章　商鞅变法

　　第二次变法的侧重点分别是：对秦国社会风俗的改革；中央集权制度的建设，涉及郡县制；田制改革；统一度量衡；等等。

　　而《秦本纪》则对变法的时间和具体内容记载过于粗疏，难以详考。

　　面对晦暗不明的文献记载，有论者从太子之师公子虔受劓刑这一线索入手，逆推出第二次变法令是在秦孝公十年（前352）商鞅任大良造之职时即发布的。其说推理严密，兹从之。[1]

　　总之，商鞅变法并非一蹴而就的事情，变法令的发布始于秦孝公三年，其后明确记载颁布新法令的还有孝公六年、十二年、十三年、十四年等。可以说，秦孝公在位的二十四年当中，大部分时间是和商鞅变法联系在一起的。

第二节　为国之数，务在垦草——《垦草令》解析

　　商鞅变法企图改造的社会是家家归农、人人奋战

---

[1]　晁福林：《商鞅变法史事考》，《人文杂志》1994年第4期，第72页。

的社会。而要实现家家归农，除积极授田之外，还应设定各种禁令。《商君书·垦令篇》即明确表达了商鞅的这一意图——使民不贵学问，使便辟游惰之民、庸民、逆旅之民、恶农、慢惰倍欲之民皆无所于食，借种种措施抑制商人，驱使各色人等归农垦草。

注解《商君书》者多认为《垦令篇》即《垦草令》，是商鞅变法前夕起草的政令，这一观点得到多数学者的认同。如刘咸炘认为"《垦令》或本鞅条上之文"[1]，陈启天亦赞同此说，他说："本篇名为《垦令》，而文中又前后叠说'则草必垦矣'共二十次之多，似乎本篇就应是所谓《垦草令》。但仔细一读，又觉得不像一种令文，而像令文的一种说明或条陈。全篇共二十条，每条说明一种方法；每种方法的效果，都归结到垦草。所以本篇主旨，全在重农。这二十种重农或垦草的方法，都与商鞅变法的根本精神相合；而文字的体裁又非常简峻，非像商鞅这类的法家不易写出。更从反面看，自篇首至篇尾也寻不出后人追述或假托的证据。"[2]

---

[1] 刘咸炘：《子疏》第8《商鞅篇》，成都：尚友书塾，1924年刻、1927年修版，第73页。

[2] 陈启天：《商鞅评传》，台北：台湾商务印书馆，1980年，第123页。

蒋礼鸿认为"此篇所言,乃垦令之所从出,非即令也。篇题盖后人加之"。[1] 郑良树也赞成以上诸家之见,受容肇祖的启发,他更断定《垦令篇》与《算地篇》体例最相近,二者都分别就各种制度提出详细的建议,文字都简峻朴质,像一条条法律草案。二者应该是商鞅变法时所撰述的"草案"。[2] 还有学者认为该篇"专言'辟草莱,任土地'之事,为商鞅实施重农政策的纲领"。[3]

从内容上来看,《垦令篇》提出使民众安心农作的举措凡二十种,可谓巨细无遗。通篇讲的多是如何让那些从事商业、佣工、游说、逆旅、声服等怠惰淫巧之民归心于农,让大夫家长之爱子、余子亦不得逃脱农作和赋役。却只字未提招徕他国之民的问题,这或许说明在商鞅的时代,秦国国力尚弱,国内尚且有大量荒地急需开垦,驱民于农是当务之急。秦孝公对国富兵强的急切之情观诸求贤令即可知,而要想兵强,

---

[1] 蒋礼鸿撰:《商君书锥指》,北京:中华书局,1986年,第6页。

[2] 郑良树:《商鞅及其学派》,上海:上海古籍出版社,1989年,第20—23页。

[3] 马宗申注释:《〈商君书〉论农政四篇注释》,北京:农业出版社、西安:陕西科学技术出版社,1985年,第1页。

首先得通过农作来使国富,这是对外攻伐的先决条件。

值得一提的是,随着20世纪70年代以来出土秦简牍、兵器铭文等材料的大量涌现,也在在印证着《境内篇》所述《垦草令》在秦国的政治实践中确实得以贯彻落实。下面我们将结合该篇全文择要缕析之。

《垦令篇》新证

1. 改革吏制——"无宿治""百县之治一形"

> 无宿治,则邪官不及为私利于民,而百官之情不相稽。则农有余日。邪官不及为私利于民,则农不败。农不败而有余日,则草必垦矣。

"无宿治",指朝廷有公务立即办,不拖延。睡虎地秦简《行书律》云:"行命书及书署急者,辄行之;不急者,日觱(毕),勿敢留。留者以律论之。"[1] 此律所言与"无宿治"的思想可谓异曲同工。《垦令篇》强

---

[1] 睡虎地秦墓竹简整理小组编:《睡虎地秦墓竹简》,北京:文物出版社,1978年,第103页。

调的是"无宿治"的作用，官府办事雷厉风行，官吏无暇谋私，则农业生产受损害较小，农民能够专心耕作。

"百县"一词，在《垦令篇》中多次出现，有"声服无通于百县""无得居游于百县""百县之治一形""去来赍送之礼无通于百县"等说法。本篇的"县"皆指郡县之县，"百县"泛指全国。据《史记·六国年表》记载，"秦孝公十二年（前350），初聚小邑为三十一县，令"。"十三年，初为县，有秩史。"而《秦本纪》与《六国年表》略有不同，其文曰："（孝公）十二年，……并诸小乡聚，集为大县，县一令，四十一县。"另据《汉书·百官表》："县令、长，皆秦官，掌治其县。万户以上为令，秩千石至六百石；减万户为长，秩五百石至三百石。皆有丞、尉"。可见，无论是《六国年表》的三十一县，还是《秦本纪》的四十一县，指的都是大县，并没有提及那些不足万户的小县。事实上，秦国早在春秋时期即武公十年（前688）就开始设县了[1]，

---

[1] 据《史记·秦本纪》记载："（秦武公）十年，伐邦、冀戎，初县之。十一年，初县杜、郑。"见〔汉〕司马迁撰：《史记》，〔宋〕裴骃集解，〔唐〕司马贞索隐，〔唐〕张守节正义，北京：中华书局，1982年，第182页。

自后凡新取之地皆设县，但由于此后秦国国力时强时弱，所设之县很不稳固，故数目多变。到秦孝公即位之初，经历300余年的发展，出现100多个大小不等的县也是理所当然。

除了提高官府的办事效率之外，商鞅还提出统一全国各县行政制度的办法。

> 百县之治一形，则从迁者不敢更其制，过而废者不能匿其举。过举不匿，则官无邪人；迁者不饰，代者不更，则官属少而民不劳。官无邪则民不敖，民不敖则业不败，官属少，征不烦，民不劳则农多日。农多日，征不烦，业不败，则草必垦矣。

按，所谓"百县之治一形"即统一全国各级官府的行政体制，各级官府的法令、机构设置、人员编制都统一有章法，这样官吏们就不敢随意变更制度或隐匿过错，官府属吏人数不会任意增加，吏治清明，农民自然能安心垦草。证之以睡虎地秦简《置吏律》，可知此项举措确曾实施过。《置吏律》云："啬夫之送见它官者，不得除其故官佐、吏以之新官。"[1] 即谓啬夫被调任其他官府，不准把原任官府的佐、吏任用到新任官府。此律文亦反映出当时秦国各级官府的管理体制是统一且有章可循的，其目的无疑是防止官吏形成私人势力。

2. 农业税征收原则——"訾粟而税"

> 訾粟而税，则上壹而民平。上壹则信，信则臣不敢为邪。民平则慎，慎则难变。上信而官不敢为邪，民慎而难变，则下不非上，中不苦官。下不非上，中不苦官，则壮民疾农不变。壮农疾农不变，则少民学之不休。少民学之不休，则草必垦矣。

所谓"訾粟而税"，即按照谷物的产量来征收农业税。这样一来，无论丰年、灾年，地力肥硗之差别，农业税征收合理划一，无畸轻畸重，故民众自然心平

---

[1] 睡虎地秦墓竹简整理小组编：《睡虎地秦墓竹简》，北京：文物出版社，1978年，第95页。

和无怨。

"訾粟而税"的做法在云梦睡虎地秦简中亦有所反映。如《田律》规定:"雨为澍,及秀粟,辄以书言澍稼、秀粟及垦田暘无稼者顷数。稼已生后而雨,亦辄言雨少多,所利顷数。旱及暴风雨、水潦、螽蚰、群它物伤稼者,亦辄言其顷数。""禾、刍稾撤木、荐,辄上石数县廷。"[1]这两条律文反映出秦国官府对农田耕种的顷数及农作物的生长、受灾、产量等状况非常关心,其原因当在于农作物的产量与官府的利益息息相关。如果不是实行"訾粟而税"的税收制度,官府不会如此在意。

3. 愚民政策——"无以外权爵任与官""博闻、辩慧、游居之事,皆无得为""声服无通于百县"

无以外权爵任与官[2],则民不贵学问,又不贱

---

[1] 睡虎地秦墓竹简整理小组编:《睡虎地秦墓竹简》,北京:文物出版社,1978年,第24—25、28页。

[2] 陈启天注释时引用朱师辙说:"朱说:'权,势也。'《管子·君臣篇》'以援外权。'不以民之有外交势力者任爵与官,则民不贵学问,从事游说,故重农。是爵任二字宜乙正矣。"见陈启天校释:《商君书校释》,上海:商务印书馆,1935年,第9页。

农。民不贵学问则愚,愚则无外交,无外交,(则国)勉农而不偷。民不贱农,则国安不殆。国安不殆,勉农而不偷,则草必垦矣。

"外权",即与外国势力勾结,借以在本国求取官职。"无以外权爵任与官",即不给依仗外力者官职和爵位。按,此处的"外权"实际上是指靠游说求官的术士,他们是读书言谈之士。这些人常常假借一国的势力,求得另一国的官爵。《算地篇》亦有言:"民资重于身,而偏托势于外,挟重资,归偏家。"[1]《商君书·外内篇》曰:"奚谓淫道?为辩知者贵,游宦者任,文学私名显之谓也。"[2] 依仗外国势力为自己谋取权位,或勾结外国势力以稳固其权位的现象,在战国时期比较常见,也最招君主忌讳。如《战国策·秦策一》记载张仪欲潜害秦国权臣樗里疾,便设法让樗里疾出使楚国,"因令楚王为之请相于秦",然后再对秦王说楚王请秦任樗里疾为相,"今王诚听之,彼必以国事楚王"。

---

[1] 蒋礼鸿撰:《商君书锥指》,北京:中华书局,1986年,第47页。
[2] 蒋礼鸿撰:《商君书锥指》,北京:中华书局,1986年,第128页。

此事引起秦王大怒，樗里疾不得不出走避难。[1] 此事或出于术士假托，然从中亦可见在当时术士的心目中，揭露某人引外援而谋取权位，确是攻击政敌的有效手段，因为勾结外国是最犯君怒的行为。

《垦令篇》侧重于通过打击那些言谈干禄之人来让百姓愚昧，思虑单纯从而安心于农作，事实上带有愚民的性质。

> 国之大臣诸大夫，博闻、辩慧、游居之事，皆无得为，无得居游于百县，则农民无所闻变见方。农民无所闻变见方，则知农无从离其故事，而愚农不知，不好学问。愚农不知，不好学问，则务疾农。知农不离其故事，则草必垦矣。

禁止"国之大臣、诸大夫"从事"博闻、辩慧、游居之事"，这些见识广博的人不到全国各地闲居游逛，以免农民见到奇谈异能，这也是一种变相的愚农政策。证之秦简《游士律》，足见对游士之禁止是

---

[1] 〔汉〕刘向集录：《战国策》，上海：上海古籍出版社，1998年，第120页。

确凿之事，其文曰："游士在，亡符，居县赀一甲；卒岁，责之。"[1] 意即专门从事游说的人如居留于所游之地而没有凭证，则所居之县罚一甲；若居留满一年者，应加诛责。

据《韩非子·和氏》云，商鞅还反对"《诗》、《书》、辩、慧"，认为这些有害于农战，他甚至建议秦孝公"燔《诗》、《书》而明法令"，[2] 这与其"愚民"的主张也是一致的。愚民的思想也一直是秦国的基本治国思想，《吕氏春秋·上农》云："民农则朴，朴则易用，易用则边境安，主位尊。"[3] 这些言论都主张对农民实行知识封锁，让他们闭目塞听，质朴无文。

> 声服无通于百县，则民行作不顾，休居不听。休居不听，则气不淫；行作不顾，则意必壹。意壹而气不淫，则草必垦矣。

---

[1] 睡虎地秦墓竹简整理小组编：《睡虎地秦墓竹简》，北京：文物出版社，1978年，第129—130页。
[2] 〔清〕王先慎撰：《韩非子集解》卷4《和氏》，钟哲点校，北京：中华书局，1998年，第97页。
[3] 〔战国〕吕不韦：《吕氏春秋新校释》六论之《士容论第六·上农》，陈奇猷校释，上海：上海古籍出版社，2002年，第1718页。

"声服",当如王时润说,"谓淫声异服也"。[1] 泛指各类奢靡享乐之事。"淫,游也。"商鞅认为声色一类玩乐之事容易让农人心神游荡不安定,所以禁止此类通行于全国乡村,农夫不受外物引诱,心神安定,才能一心一意地垦荒。

4. 打击贵族势力——对"禄厚而税多"者"赋而重使之","无得取庸","均出余子之使令"

> 禄厚而税多,食口众者,败农者也。则以其食口之数,赋[2]而重使之。则辟淫游惰之民,无所于食。民无所于食则必农,农则草必垦矣。

按,"禄厚而税多"者,乃指拥有食邑或采邑的贵族之家。他们靠食邑所得税收,不劳而获。而春秋战国之际,贵族之家养士的风气极盛,加之贵族自身庞

---

[1] 蒋礼鸿注解时转引王说,见蒋礼鸿撰:《商君书锥指》,北京:中华书局,1986年,第10页。文中凡引王说皆出自此书,余不注。
[2] 此处的"赋"字原作"贱"字,注家通谓系"赋"字之误,兹从之。

第三章 商鞅变法

大的家族成员,众多的家臣和奴仆,食口之数必众。这些为数众多、不事耕作的"辟淫游惰"之民,显然不利于农业生产。商鞅建议对这些贵族之家,采取按照"食口之数""赋而重使之"的惩罚性措施。不但让他们纳人口税,而且据此加派劳役给这些闲人。证之秦简《工律》"邦中之繇及公事馆舍,其假公,假而有死亡者,亦令其徒、舍人任其假,如从兴戍然"。[1] 此律文规定在都邑服繇役和因有官府事务居于官舍,如借用官有器物,借者死亡,应令服繇役的徒众或其舍人负责,和参加屯戍的情形一样。律文中服繇役和因公住宿官舍的人,还带着私徒属和舍人,这就说明这类人身份不低,与《垦令篇》所言"禄厚而税多,食口众者"甚为吻合。由此可知此条措施也曾付诸实践。

《垦令篇》还严厉禁止"大夫家长"雇工,此举除了怕妨碍农时外,可能还有一个原因,即通过限制雇工,大夫家长无法雇人修建房屋,其爱子和其他懒汉就不得不参加劳动。

---

[1] 睡虎地秦墓竹简整理小组编:《睡虎地秦墓竹简》,北京:文物出版社,1978年,第70—71页。

改革家商鞅

无得取庸[1],则大夫家长不建缮,爱子不惰食,惰民不窳,而庸[2]民无所于食,是必农。大夫家长不建缮,则农事不伤;爱子、惰民不窳[3],则故田不荒。农事不伤,农民益农,则草必垦矣。

不仅如此,商鞅还特别针对不从事农作的公卿大夫之庶子提出专门的对策,即:

---

[1] 此文"取",聚也;"庸"借为"傭"。

[2] 蒋礼鸿认为"'而庸'属上句绝,言不訾窳而为人傭也"。(见《商君书锥指》,北京:中华书局,1986年,第11页。)按:如此断句虽则"惰民不窳而庸"一句文意可通,但与上下文意抵牾,此段首句即言"无得取庸","惰民不窳而庸"显然与此矛盾;此句下紧接着说"民无所于食,是必农",若"惰民不窳而庸",则民即"有所于食"而不农了。故蒋说不确。

[3] 清儒俞樾在校正此句时根据前文"爱子不惰食"一句,认为后文"爱子、惰民不窳"一句当于"爱子"后增补"不惰食"三字,其说广为校者信从,但也有人如蒋礼鸿持反对意见。按:此处应从钱熙祚校本(即指海本,亦即丛书集成初编本),删去"不惰食"三字。钱本删去"不惰食"是根据明人董说的《七国考》卷2引文而来的。除此之外,尚有两点理由:其一,据学者研究,《商君书》全书语词有一突出特点,即"追加式反复",全书24篇中"追加式反复"共出现52次。与《垦令篇》此句类似的句式在《商君书》中不乏其例。(见李索:《商君书追加式反复述略》,《古汉语研究》2001年第2期,第34—36页。)下文紧接着有"大夫家长不建缮,则农事不伤;爱子、惰民不窳,则故田不荒"一句,由我们判断"爱子不惰食"一句中的"不惰食"三字疑为衍文。其二,窳,意即苟且偷生,与"不惰食"显然语意重复。

第三章　商鞅变法

> 均出余子之使令，以世使之，又高其解舍，令有甬官食槩，不可以辟役，而大官未可必得也，则余子不游事人，则必农。农则草必垦矣。[1]

这项措施提高了贵族庶子们免除徭役的条件，他们必须参加官方的劳役，由主斗斛之官提供给限量的口粮。他们无法逃脱赋役，也就减少了外出游说谋取高官的机会，同时也增加了垦荒的劳动力。另外下文禁止国中博闻、辩慧者从事游居之事，即便卿大夫之庶子想出外游事人，也是会冒很大风险的。

上述这些打击贵族的措施还取得另一效果，它们使秦国贵族的养士之风遂被打压下去，直到秦庄襄王时，吕不韦才又凭借其权势，重开养士之风。不过，秦国国君仍在不断招贤纳士，并未受此政策影响。显然，这条草案主要针对的是大贵族。

---

[1] 按：这里的"余子"注家多谓乃指贵族卿大夫的庶子。"世"或疑乃册之讹，谓按余子之册籍而使力役；或谓"世使"，以其世次使之。两说似皆可。"解舍"为战国法制术语，谓免除兵役及其他徭役。《韩非子·五蠹篇》"故事私门而完解舍"可证。"高其解舍"者，谓提高免除兵役的条件。"甬官"指平斗斛之官。"槩"，原意指平斗斛所用的木板，这里是指所食有一定限额。"辟"通"避"。

5. 重农抑商——"贵酒肉之价,重其租""重关市之赋""以商之口数使商"

　　使商无得籴,农无得粜。农无得粜,则窳惰之农勉疾。商不得籴,则多岁不加乐。多岁不加乐,则饥岁无裕利。无裕利则商怯,商怯则欲农,窳惰之农勉疾,商欲农,则草必垦矣。

《说文》:"籴,市谷也。"[1]"粜,出谷也。"[2] 关于此段"籴""粜"二字注家看法不一,或谓二字当互易,原文当作"使商世得粜,农无得籴……盖《商子》之意,以农为谷之所自出,如听其市谷而食,则窳惰之农无所惮,将终其身不肯从事于田野,而荒芜可立待矣。故必使之不得市谷而食,而后窳惰之农勉疾也。商则素不耕稼,势不能不市谷而食。然使挟其多钱善贾之

---

[1]〔汉〕许慎撰:《说文解字注》入部,〔清〕段玉裁注,上海:上海古籍出版社,1988年,第224页。
[2]〔汉〕许慎撰:《说文解字注》出部,〔清〕段玉裁注,上海:上海古籍出版社,1988年,第273页。

第三章　商鞅变法

长技,以积谷而居奇,……故必使商人不得操出谷之权……今本籴糶二字上下互误,故其义难通矣"。[1]蒋礼鸿、高亨等学者亦赞同是说。

按,结合《垦令篇》重农的主张,此段的出发点是强调由官府对粮食的买卖进行管理,防止商人操纵粮价,伤害农民的生产和生活。商人往往能通过贱买贵卖获取丰厚利润,那么很多窳惰之农就会转而经商。防止他们买卖的最直接办法就是禁止他们买粮,而如果禁止商人卖粮,他们买粮食也就无利可图了。所以无论禁止商人买粮或卖粮,其结果是一样的。买和卖是两个相对、共时的动作,有买方必然有卖方。禁止了商人的投机活动,商人无利可图就会转向农业生产,农民自然也就安心农作了。因此,这里的"籴""糶"二字当以互文为解。商君以农战为国,于农谷必有详密之管理方法,《农战篇》亦有言足以发明此段,是篇谓"我疾农,先实公仓收余以食亲"是"农无得糶"矣。官府以公仓之谷调剂民食,则"商无得籴"矣。

对商业的打击最为直接的是"贵酒肉之价,重其

---

[1] 此为王时润的看法,参见蒋礼鸿撰:《商君书锥指》,北京:中华书局,1986年,第8—9页。

租"与"重关市之赋"。

> 贵酒肉之价,重其租,令十倍其朴。

这样做就可以收到"商酤少[1],农不能喜酣奭,大臣不为荒饱。商酤少,则上不废粟。民不能喜酣奭,则农不慢。大臣不荒,则国事不稽,主无过举"的实际效果。加重出售酒肉的成本和税收,一则可以限制从商人数;二则节约了国家的粮食;三则使农人勤于垦草,大臣劳于国事,上下一心。另睡虎地秦简《田律》明文规定:"百姓居田舍者毋敢酤酒,田啬夫、部佐谨禁御之,有不从令者有罪。"[2]此律文禁止居住在农村的百姓卖酒,田啬夫及部佐应严加监督,违令者有罪。由此可见,当时民间酤酒者不少。

---

[1] 陈启天注曰:商酤少三字严校本作"商贾少",影范本及崇文本俱作"商估少"。简说:"估殆酤字之误。《说文》:'酤,宿酒也;一曰卖酒也。'盖业酒浆者亦曰酤。商酤少谓业酒浆者少耳。"今据改。见陈启天校释:《商君书校释》,上海:商务印书馆,1935年,第12页。

[2] 睡虎地秦墓竹简整理小组编:《睡虎地秦墓竹简》,北京:文物出版社,1978年,第30页。

第三章　商鞅变法

> 重关市之赋，则农恶商，商有疑惰之心。

这里的"关"指"关卡"，"市"指"市廛，集市"。此处专言用征收重税的手段来限制商业活动。

为了抑制商业，《垦令篇》还对商人及其私徒属登记造册，并分配给他们相应的赋役。其文曰：

> 以商之口数使商，令之厮舆徒重者必当名[1]，则农逸而商劳。农逸则良田不荒，商劳则去来赍送之礼无通于百县。则农民不饥，行不饰。农民不饥，行不饰，则公作必疾，而私作不荒，则农事必胜。

按，观诸《垦令篇》的重农倾向，对商业采取抑制的政策，严格限制从商人数，商人私养的家奴"厮舆徒童"之属自然亦在打击之列，而无论其人数多寡。正如简书所说，商鞅此举是要驱民于农，"使为国供

---

[1] 此处的"之"如王时润说，当释为"其"；简书曰："厮即厮养，与舆徒同类。""重"字，朱师辙释为"多也"；蒋礼鸿等认为"重当作童"，童为僮奴本字，厮、舆、徒、童四字同类并列。颜师古曰："厮，析薪者。舆，主驾车者。""者"，蒋礼鸿以为"者疑当作皆"。以上诸说皆见蒋礼鸿撰：《商君书锥指》，北京：中华书局，1986年，第17—18页。

役者众。商贾贸迁有无，操奇计赢，其力足以蓄养惰民而为之厮养或舆徒，即国家少一力农勤战之良民"。[1]

这几条措施仅是出于保护农业的目的禁止商人买卖粮食、酒肉，对商人之私徒属也登记造册，任之以赋役。虽然并未禁止商业活动，但无疑抑制了商业的发展。

6. 限制人口自由流动——"使民无得擅徙"

为了让农民能够安心耕作，商鞅还进一步提出限制人口自由流动的办法。

> 使民无得擅徙，则诛愚乱农之[2]民无所于食而必农。愚心躁欲之民壹意，则农民必静。农静，诛愚，则草必垦矣。

---

[1] 蒋礼鸿撰：《商君书锥指》，北京：中华书局，1986年，第17页。
[2] 此文"诛愚"二字注家多从"诛"字着手，谓"诛""朱"义近于"愚"。但结合上下文，"诛愚乱农之民"当指不安心农作的人，如果他们愚鲁，就不可能四处游荡取食。按照商鞅本人对民众的理解，聪明多智谋者一般不会"务疾农"。可见作"愚钝"解于文意未安。蒋礼鸿看到了旧说的问题所在，指出"诛愚"乃叠韵连语，诛愚者与作鄂一声之转。诛愚者，正谓桀巧之民，不安于农，且足以招致愚心躁欲之民相与他务，故曰乱农耳。见蒋礼鸿撰：《商君书锥指》，第14页。其说甚确，兹从之。

禁止民众擅自迁徙,那些桀巧而不安于农作的人就无处求食,从而必然安心务农。他们专心务农,农民必然安静,如此荒地必然会被开垦。睡虎地秦简当中亦有材料足以佐证《垦令篇》所言不虚。秦简《游士律》云:"游士在,亡符,居县赀一甲;卒岁,责之。有为故秦人出,削籍,上造以上为鬼薪,公士以下刑为城旦。"[1]这条律文明确规定:游士居留而无凭证,所在的县罚一甲;居留满一年者,应加诛责。有帮助秦人离开国境,或削去名籍的,上造以上罚为鬼薪,公士以下刑为城旦。从简文可以推断,当时的秦人是不得私自离开国境的,即便是外来游士,也必须持有身份凭证,否则所在县的官吏均要因此而受到惩罚。

7. 不违农时——"无得取庸""令送粮无取僦,无得返庸"

> 无得取庸,则大夫家长不建缮,爱子不惰食,惰民不窳,而庸民无所于食,是必农。大夫家长

---

[1] 睡虎地秦墓竹简整理小组编:《睡虎地秦墓竹简》,北京:文物出版社,1978年,第129—130页。

> 不建缮,则农事不伤;爱子、惰民不窳,则故田不荒。农事不伤,农民益农,则草必垦矣。

此言"无得取庸",盖大夫家不许佣工修造,恐妨农时。从后文"爱子、惰民不窳,则故田不荒"可知,此举还可以让大夫家长的子弟也不得不参加农作;那些隐匿在私家的懒惰之民则能回到国家的直接控制之下。《吕氏春秋·上农篇》云:"农不上闻,不敢私籍于庸。"夏纬瑛据孙诒让注,解释说:"上闻",谓通名于官;"不敢私籍于庸",谓不得养私庸以代耕。[1]《上农篇》所言可与《垦令篇》此段相互发明。《管子·轻重》曰:"孟春既至,农事且起。大夫无得缮冢墓,理宫室,立台榭,筑墙垣。北海之众无得聚庸而煮盐。"[2]按,齐国素来擅鱼盐之利,犹不许庸工以害农时。而商鞅又专恃农战图强,他重视农时自当不在管仲学派之下。"不违农时"之说是以擅长农业著称的周人即有

---

[1] 夏纬瑛校释:《吕氏春秋上农等四篇校释》,北京:农业出版社,1979年,第13页。
[2] 黎翔凤撰:《管子校注》卷23《轻重甲》,梁运华整理,北京:中华书局,2004年,第1423页。

第三章 商鞅变法

的认识,战国时期更为盛行。

如果说令大夫家长无得建繕取庸是从"肉食者"一方来消除有碍农时的因素,那么"令送粮无取僦,无得返庸"则是专门就农民本身而言的。

> 令送粮无取僦,无得返庸。车、牛、舆重设[1]必当名。然则往速徕疾,则业不败农。业不

---

[1] "车牛舆重设必当名"一句,注家见解分歧较大。朱师辙据《广雅》:"舆,载也。"《说文》:"设,施陈也。"认为此句谓回时车牛多载货物,必罚之当名应役。明人冯觐以"车牛舆重"为句,"设"属下读,注"重"为"粮食辎重也"。(见朱师辙:《商君书解诂定本》,北京:古籍出版社,1956年据1948年广州排印本增补重印,第9页。)蒋礼鸿谓"重,谓载重物车也。车牛皆征发之,则载少车轻行速"。(见《商君书锥指》,北京:中华书局,1986年,第18页。)高亨据《一切经音义》卷15引《通俗文》"雇车载曰僦"而认为取僦即雇别人的车去送粮。"车、牛、舆重设必当名"则是指车牛所载的重量在服役时必须和官册所注明的重量相当。(见《商君书注译》,北京:中华书局,1974年,第51—52页)。按,"僦"与"庸"当以蒋礼鸿说为是,蒋氏曰:"往曰僦,返曰庸,文相避耳。此谓送粮之车无论往返皆不得私受人载而取值。"前文既已禁止往返私受雇,则朱说"回时多载"云云显然与之抵牾,不足据。睡虎地秦简《司空律》云:"官府假公车牛者□□□假人所。或私用公车牛,及假人食牛不善,牛觢;不攻间车,车空失,大车轱䡯;及不介车,车藩盖强折裂,其主车牛者及吏、官长皆有罪。"(见睡虎地秦墓竹简整理小组编:《睡虎地秦墓竹简》,北京:文物出版社,1978年,第81页。)该律文告诉我们当时有人向官府雇车来承担运输军粮的徭役,但这种行为是法律所禁止的。

败农，则草必垦矣。

此条措施规定：农民为官府服役运输粮食时往返皆不得受雇私运其他货物。官府把所有闲散的牛车皆征发来服役，这样装载少、车轻，行走起来自然速度加快。车辆来往皆迅速省时，那么农作就少受影响了。睡虎地秦简《效律》也有相同的规定，其文曰："上节（即）发委输，百姓或之县就（僦）及移输者，以律论之。"[1] 意谓朝廷如征发运输的劳役，百姓有到县里雇车或转交给别人运送的，应依法论处。这一律文与本条相合。

8. 统一管理山泽之利——"壹山泽"

壹山泽，则恶农、慢惰、倍欲之民无所于食。无所于食，则必农。

论者多谓"壹山泽"指由官府独占山泽之利，不

---

[1] 睡虎地秦墓竹简整理小组编：《睡虎地秦墓竹简》，北京：文物出版社，1978年，第123页。

许民众砍伐渔猎。证之秦简，则此说有误。睡虎地秦简《田律》规定："春二月，毋敢伐材木山林及雍隄水。不夏月，毋敢夜草为灰，取生荔、麛卵鷇，毋□□□□□□毒鱼鳖，置穽网，到七月而纵之。唯不幸死而伐棺椁者，是不用时。邑之近皂及它禁苑者，麛时毋敢将犬以之田。……"[1] 田律对民众进入山林川泽砍伐渔猎的时间进行了详细的规定。这就说明商鞅所说的"壹山泽"，并非国家独占山泽之利，不与民分享，而是指对山泽的利用要由国家统一管理，如此那些懒惰、不愿务农而又贪得无厌的人便找不到生路，只能转而耕作了。由国家设官立禁对山林薮泽统一管理，早在西周时期已有此制，其目的仍是从国计民生出发。《垦令篇》站在驱民于农的角度来看待"壹山泽"的效果，可谓颇具慧眼。

9. 刑重罪——"重刑而连其罪""无得为罪人请于吏而饟食之"

对触犯法律的罪犯，商鞅主张严惩不贷。他明确

---

[1] 睡虎地秦墓竹简整理小组编：《睡虎地秦墓竹简》，北京：文物出版社，1978年，第26页。

指出：

> 重刑而连其罪，则褊急之民不斗，很刚之民不讼，怠惰之民不游，费资之民不作，巧谀、恶心之民无变也。五民者不生于境内，则草必垦矣。

注家皆谓"连其罪"即"连坐法"，正如《史记·商君列传》所言："令民为什伍，而相牧司连坐。"[1] 对民众有罪者实行重刑且连坐的惩罚措施，从而消灭褊急好斗的狂民、狠刚好争讼的顽民、怠惰的游民、费资的商贾技艺之民、阿谀诡诈的奸民等五类人。这五种人可以说是商鞅对不事农作的各类人的概括，从这些明显带有贬义的用语即可见商鞅对这些人的憎恶。在商鞅看来，正是这些人的存在才导致大量荒地无人开垦，他们不仅"有害于国，无益于君"，而且更是害群之马，还对农民一心耕作产生不良的影响。

---

[1]〔汉〕司马迁撰：《史记》，〔宋〕裴骃集解，〔唐〕司马贞索隐，〔唐〕张守节正义，北京：中华书局，1982年，第2230页。

第三章 商鞅变法

另外,对监狱的囚犯还采取隔离孤立的策略。

无得为罪人请于吏而饟食之,则奸民无主。奸民无主,则为奸不勉。农民不伤,奸民无朴。[1]奸民无朴,则农民不败。农民不败,则草必垦矣。

此条禁止人们给犯法的奸民馈送食物,使他们无所依附。这样他们便不会再毫无顾忌地去做坏事,农民也不会受到伤害。

10. 严格管理军市

令军市无有女子,而命其商,令人自给甲兵,使视军兴。又使军市无得私输粮,则奸谋无所于伏。输粮者不私稽,则轻惰之民不游军市。盗粮者无所售,轻惰之民不游军市,则农民不淫,国

---

[1] 刘如瑛注谓:"朴,读为仆,依附之意。"并举《管子·地员》"累然如仆累"尹知章注:"仆,附也。"《去强》:"六者有朴,必削。"此"朴"亦当读为"仆"。其说甚确,兹从之。见刘如瑛:《诸子笺校商补》,济南:山东教育出版社,1995年,第178页。

粟不劳,则草必垦矣。[1]

这里是说命令军市中不得有女子;军市中的商人需要自备铠甲和兵器,随时注意军队的出征,及时准备好物资供应。军市中不得私运粮食,奸邪的计谋就无处潜伏;偷盗军粮的人,无法卖出;运送军粮的人不私自拖延;浮荡、懒惰的人就不在军市中游逛。这样农民就不浮荡,国家的粮食不白白浪费,荒地必然就开垦了。

这是先秦文献当中有关军市的最为集中的记载。前人治《商君书》有怀疑军市是否存在者,谓"军市之与军中,果其有间与否,犹不可确知邪?"[2] 按,考诸

---

[1] 陶鸿庆云:"私输粮,即下所云盗粮,谓奸民私售者也。输粮者不私稽,即下所云。送粮谓官役输送者也。不私稽,谓予以程限,不得稽留也。输粮上不当有盗字。(下文云"令送粮无取僦,无得反庸。车牛舆重设,必当名。然则往速徕疾,则业不败农"即输粮者不私稽之义。)'送粮者不私'五字重复无义,当为衍文。令辄正其文云:又使军市无得私输粮,则奸谋无所于伏。输粮者不私稽,则轻惰之民不游军市。盗粮者无所售,轻惰之民不游军市,则农民不淫,国粟不劳,则草必垦矣。"按:陶说甚确,兹从之。见陶鸿庆:《读诸子札记》,《制言》1936年第26期,第3—4页。

[2] 蒋礼鸿撰:《商君书锥指·叙》,北京:中华书局,1986年,第3页。

第三章 商鞅变法

其他文献，可知《垦令篇》所言不妄。《史记·廉颇蔺相如列传》记载战国末年驻守赵国北部边防的大将李牧，因"以便宜置吏，市租[1]皆输入莫（幕）府，为士卒费"[2]而甚得军心。《战国策·齐策五》苏秦游说齐闵王时提及"彼战者之为残也，士闻战则输私财而富军市，输饮食而待死士，令折辕而炊之，杀牛而觞士，则是路军[3]之道也"。[4]在传世的玺印中亦有"军市"二

---

[1] 杨宽指出这里的"市租"即是指"军市之租"，所论甚是。参见杨宽：《从"少府"职掌看秦汉封建统治者的经济特权》，载中国秦汉史研究会编：《秦汉史论丛》第1辑，西安：陕西人民出版社，1981年，第224页。

[2] 〔汉〕司马迁撰：《史记》，〔宋〕裴骃集解，〔唐〕司马贞索隐，〔唐〕张守节正义，北京：中华书局，1982年，第2449页。

[3] 此处的路，或释为露，或释为羸；或以为路军应作"路旦"，旦即亶之省通字，亦作瘅，病也。〔详见诸祖耿编撰：《战国策集注汇考》（增补本），南京：凤凰出版社，2008年，第651页。〕按：此处当以羸为是，即伤、残、疲、惫之义；而据王引之《经义述闻》卷26"林烝天帝皇王后辟公侯君也"条说："古者'军'与'群'同声，故《韩诗外传》曰'君者，群也。'故古'群臣'字通作'君臣'。"（详见〔清〕王引之撰：《经义述闻》，南京：江苏古籍出版社，2000年，第611页。）则"群"通"君"。上文言士输私财数语，皆民之所费，故路军即路群，当耗费民力解。

[4] 〔汉〕刘向集录：《战国策》，上海：上海古籍出版社，1998年，第435—436页。

字的实物,[1] 据专家考证,此印为战国时期秦国的朱文官印。[2] 云梦睡虎地出土的两封家书也可作为战国中后期存在军市的直接证据。[3] 以上几则材料表明,军市大体产生于战国时期,并且苏秦能把军市因士卒的私财而致富的现象作为说辞去讲给齐闵王听,商鞅能将对军市的管理作为驱民垦草的一项举措提出,足见军市在当时发展迅猛,已成为当政者不能忽视的一种较为普遍的现象,在秦国和东方的齐、赵等国皆存在。

此外,睡虎地秦简《仓律》曰:"有事军及下县者,齎食,毋以传贷县。"[4] 意谓到军中和属县办事的,应自带口粮,不得以符传向所到的县借取。由此可见秦

---

[1] 此印为上海博物馆藏品,收录于罗福颐主编,故宫博物院编:《古玺汇编》第5708号,北京:文物出版社,1981年,第519页。据该书的编辑说明,"古玺是指秦以前的官私玺印。目前传世的古玺,则大都是战国时期的遗物"。见原书第1页,出处同上。

[2] 详见汤余惠:《战国铭文选》,长春:吉林大学出版社,1993年,第142页。

[3] 这两封家书的内容是名惊和黑夫的两兄弟在军中向家里要求寄衣物和钱,家书中说如果丝布价格贵,就让家里直接寄钱,他们可以在军队驻扎处买到。详见湖北孝感地区第二期亦工亦农文物考古训练班:《湖北云梦睡虎地十一座秦墓发掘简报》,《文物》1976年第9期,第53页。

[4] 睡虎地秦墓竹简整理小组编:《睡虎地秦墓竹简》,北京:文物出版社,1978年,第46页。

官方对军粮的重视和珍惜。

合而观之,《垦令篇》的主旨是讲如何才能驱民于农,作者从多个层面、不同角度对保证民众一心耕作做出了详尽的立法和政策导引。如政治上要保障农业生产的稳定和发展,国家首先应厉行法治、统一各县吏治,提高办事效率;不给那些以言说为业的游士授予爵位和官职;争取非农之民从事垦草,打击工、商或禁绝游士、逆旅各色人等,从贵族之家争取多余劳动力。经济上,改革税制,统一按农业实际收获量征收;重农抑商,对商人和商业加重税收和徭役;对山林水泽的利用要由国家统一管理;军事上,严格军纪特别是杜绝军市贸易。凡此等等,不一而足。本篇提出的这些举措具有很强的实践性,虽然不是商鞅统筹全局的总体规划,但从这些措施的大部分在睡虎地秦简中皆有反映来看,它们在秦国的政治实践当中已经产生了一定的影响。通篇二十项举措,简明扼要而又巨细无遗,足见商鞅为推行其重农政策可谓绞尽脑汁、用心良苦。

第三节　治国作壹，以农战为教

所谓农战即农耕与作战。此篇强调国君应以农战为教，授官予爵皆从农战一孔，如此则能收富强之效。蒋礼鸿更直言："商君之道，农战而已矣。致民农战，刑赏而已矣。使刑赏必行，行而必得所求，定分明法而已矣。"[1]吕思勉先生甚至认为："至《商君书》之所论，则'一民于农战'一语，足以尽之。"[2]《农战篇》集中论述了农战何以能富国强国的道理，具有较强的论辩色彩。

"治国作壹，以农战为教"——《农战篇》主旨论析

《农战篇》的主旨是不言自明的，篇题"农战"二字已开门见山直奔主题。但由于此篇在论述农战之策时还旁逸斜出地提出反对通晓《诗》《书》的博闻辩慧之士，故很多学者虽然明知此篇之主旨，却常常顾左

---

[1] 蒋礼鸿撰：《商君书锥指》，北京：中华书局，1986年，第19页。
[2] 吕思勉：《先秦学术概论》，北京：中国大百科全书出版社，1985年，第98页。

右而言他，强调细枝末节。因此辨明主旨仍是有必要的。

《农战篇》开篇即直接破题立说，谓"国之所以兴者，农战也"。同时指出授官予爵"不以农战""而以巧言虚道"会使国无力而削弱。下文皆由此论展开，并从正、反两方面来论证。后文所说的"善为国者，其教民也，皆作壹而得官爵""官法明，不任知虑""知治国之要""修政作壹，去无用"而使民"壹之农"皆是正面论证，讲的都是要以农战为治国之道。比较而言，反面论证更为突出。如《农战篇》全篇七段，每段都反复论证任用知慧之人的危害性；并且该篇还详述官员上下谋私，指出这种腐败之风会造成民皆"避农战"的后果。尤其是本篇把那些言谈游士和商贾技艺之人比喻成"螟螣蚼蠋"一类的害虫，形象而生动地说明了他们对农民和农业的危害。

《农战篇》对如何实行农战政策提出了具体的措施：

其一，授官予爵有常规，即从农战这一孔而出，不给巧言虚道者入仕之机。如此则民朴不淫而作壹，则多力而国强。反之，则豪杰务学《诗》《书》，随从外权求取官爵；要麼从事商贾、技艺，都逃避农战。以此为教则国削。睡虎地秦简《司空律》规定："居赀赎责（债）欲代者，耆弱相当，许之。作务及贾而负责（债）者，不得代。"[1] 意谓以劳役抵偿赀赎债务而要求以他人代替服役，只要年龄相当，就允许。但手工业者和商人欠债的，不得以他人代替。律文也反映出对商人和手工业者的歧视，这也证明《农战篇》对"事商贾，为技艺"之人的打击政策是付诸实践的。

其二，驱民于农则民朴实而可以治理，诚恳而易使，即所谓愚民政策。是篇谓："故令民归心于农。归心于农，则民朴而可正也，纷纷则易使也，信可以守战也。……夫民之亲上死制也，以其旦暮从事于农。"[2] 意即只有令民众都安心农作，他们才会智虑单一，也才会死心塌地地为国效力。否则，让巧言辩说之类的狡诈者得取官爵，则会导致吏治的腐败，媚上欺下。最终的后果是农民少、粟米少，兵也随之而弱。篇中多次表达了对"《诗》、《书》、辩、慧"等人类智慧的

---

[1] 睡虎地秦墓竹简整理小组编：《睡虎地秦墓竹简》，北京：文物出版社，1978年，第84—85页。

[2] 蒋礼鸿撰：《商君书锥指》，北京：中华书局，1986年，第25页。

否定,如"虽有《诗》、《书》,乡一束,家一员,犹无益于治也"。其实也是希望民众闭目塞听,愚昧不开化。

其三,《农战篇》还提出抟民力的主张。作者认为只有治国作壹,即以农战为教,辅之以赏罚,才能令民为国致死。而抟民力的关键则是"抟之于农",即"是以明君修政作壹,去无用,止浮学事淫之民壹之农,然后国家可富而民力可抟也"。[1]

值得一提的是,从思想主张上看,《农战篇》与《垦令篇》的共同点也很突出。如就反对依仗外权而言,《农战篇》中豪杰"务学《诗》、《书》,随从外权,上可以得显,下可以求官爵"一句与《垦令篇》"无以外权爵任与官,则民不贵学问""无外交"不仅文字近乎一致,思想也简直如出一辙。又如吏治问题,《农战篇》特别指出若国无常官,则官员"进则曲主,退则虑私",上下勾结,导致吏治腐败。对此《垦令篇》开篇即言"无宿治,则邪官不及为私利""百官之情不相稽""百县之治一形,则从迁者不敢更其制,过而废者不能匿其举""则官无邪人"。再如对商贾技艺等末业的看法,《农

---

[1] 蒋礼鸿撰:《商君书锥指》,北京:中华书局,1986年,第25页。

战篇》认为商贾技艺之士"皆以避农战",对务农战者有危害。"农战之民百人,而有技艺者一人焉,百人者皆殆于农战矣。"而《垦令篇》则通过"重赋而役使之"的办法来直接打击这些事末作者。

综上所述,在商鞅的农战思想中,"农"是战的前提和基础,而《农战篇》对"农战"政策的论述侧重点仍在于农,这一思路与《垦令篇》可以说是一脉相承。

第四节 土地制度考析

土地制度是赋役制度的基础,土地制度的变革也是商鞅变法的核心问题,而且与井田制密切关联,因此极为复杂,自古以来学者聚讼不已。20世纪70年代以来,随着睡虎地秦简和青川木牍《田律》等简牍材料的出土,商鞅变法中的土地制度问题再次成为学者讨论的热点。《商君书》中对田制问题也有揭示,值得我们深入分析。

首先,商鞅改革土地制度,前提是基于其对国家土地构成的认识,《商君书》中的《算地》《徕民》两篇保留了相关记载。

第三章　商鞅变法

《算地篇》开篇即讲述了所谓"任地待役之律"，其文曰：

> 故为国任地者，山林居什一，薮泽居什一，溪谷、流水居什一，都邑、蹊道居什四，此先王之正律也。故为国分田数小。亩五百足待一役，此地不任也。方土百里，出战卒万人者，数小也。此其垦田足以食其民，都邑、遂路足以处其民，山林、薮泽、溪谷足以供其利，薮泽、堤防足以畜。故兵出粮给而财有余，兵休民作而畜长足，此所谓任地待役之律也。[1]

《徕民篇》也有与《算地篇》类似的记载：

> 地方百里者，山陵处什一，薮泽处什一，溪谷流水处什一，都邑蹊道处什一，恶田处什二，良田处什四。以此食作夫五万，其山陵、薮泽、溪谷，可以给其材，都邑、蹊道足以处其民，先

---

[1] 蒋礼鸿撰：《商君书锥指》，北京：中华书局，1986年，第43—44页。

王制土分民之律也。今秦之地，方千里者五，而谷土不能处二，田数不满百万，其薮泽、溪谷、名山、大川之财物货宝又不尽为用，此人不称土也。[1]

篇中提出了"先王制土分民之律"，就是地方百里的土地，除去山泽邑居十分之四，良田和恶田共占十分之六，"以此食作夫五万"。

这里我们就通过亩作为单位，对这两篇提到的"制土分民之律"加以分析。按照地方百里总共有九百亩的比率计算，《算地篇》指出方百里土地，分授给一万户农夫，每户授给五百亩的办法不合适，因为这样耕地并不能得到充分开垦；《徕民篇》则主张方百里土地，分授给五万户农民，每户授田一百亩，认为这是"制土分民之律"。这就从理论上肯定了商鞅所制定的"百亩给一夫"制度。[2] 但是秦国"人不称地"的现象日趋

---

[1] 蒋礼鸿撰：《商君书锥指》，北京：中华书局，1986年，第86—87页。
[2] 参见杨宽：《云梦秦简所反映的土地制度和农业政策》，载《上海博物馆集刊》（1982年），上海：上海古籍出版社，1983年，第127—135页。

第三章　商鞅变法

严重，在《徕民篇》成书的秦昭王后期，由于对外战争的接连获胜，秦国版图不断扩张，人员伤亡较大，这一问题更为突出。"谷土不能处二"，因此迫切需要采取优惠政策招徕三晋之民前来开垦荒地。无论授田五百亩还是一百亩，秦国人不称地的现象长期存在，并未得到改善。早在商鞅时期，秦国就存在人不称地的问题，但彼时商鞅更多地侧重于通过各种方式令故秦民从事垦荒。

《算地篇》所谓"为国任地"是指"先王"所定国土构成，"为国分田"是指国土的居民配置，即按一定的耕地面积和一定的户均土地分配份额，安置农业人口和摊派兵役。该篇主张开垦荒地首先要计算土地，要保证土地与人口之间的适当比例，即"为国分田"规划，不能用太少的人数去开垦太大的土地。所谓"数小"是指按地出卒的数量不多，只是最低限。[1] 本篇所述国土构成，古代叫作"提封制度"。它是土地制度、户籍制度和军赋制度的基础。文献当中对古代提封制的介绍，以《礼记·王制》《汉书·食货志》及《刑法志》

---

[1] 李零：《〈商君书〉中的土地人口政策与爵制》，载《李零自选集》，桂林：广西师范大学出版社，1998年，第186页。

的相关记载较为典型。

《礼记·王制》云:"方百里者,为田九十亿亩,山陵、林麓、川泽、沟渎、城郭、宫室、塗巷三分去一,其余六十亿亩。"[1]

《汉书·食货志》皆征引李悝的"尽地力之教",云:"李悝为魏文侯作尽地力之教,以为地方百里,提封九万顷,除山泽邑居三分去一,为田六百万亩。"[2]

而《汉书·刑法志》则云:"一同百里,提封万井,除山川沈斥,城池邑居,园囿术路,三千六百井,定出赋六千四百井,戎马四百匹,兵车百乘,此卿大夫采地之大者也,是谓百乘之家。一封三百一十六里,提封十万井,定出赋六万四千井,戎马四千匹,兵车千乘,此诸侯之大者也,是谓千乘之国。天子畿方千里,提封百万井,定出赋六十四万井,戎马四万匹,兵车万乘,故称万乘之主。"[3]

---

[1] 〔清〕孙希旦撰:《礼记集解》,沈啸寰、王星贤点校,北京:中华书局,1989年,第392—393页。
[2] 〔汉〕班固撰:《汉书·食货志》,〔唐〕颜师古注,北京:中华书局,1962年,第1124页。
[3] 〔汉〕班固撰:《汉书·刑法志》,〔唐〕颜师古注,北京:中华书局,1962年,第1081—1082页。

第三章　商鞅变法

对上述三则材料，已有学者做出统计指出，《王制》和李悝"尽地力之教"农田比例最高，约占67%，与《算地》《徕民》两篇非常接近；而《刑法志》则仅占36%，农田比例最低，据说是"殷周制度"，反映的也许是土地开发不足的早期情况。[1]

其次，关于秦国的国家授田制。

如前所述，从商鞅变法一直到秦昭王时期，秦国地广人稀的状况一直没有改善，国家手中掌握着大量荒地，这就为秦推行按户授田制提供了充实的基础。成于商鞅之手的《外内篇》云："故曰：欲农富其国者，境内之食必贵，而不农之征必多，市利之租必重。则民不得无田。无田，不得不易其食……"[2] 此言迫民归农之策，其前提是"则民不得无田"，即让他们有土地可耕，这从侧面证明了秦国早在商鞅时期就已实行"授田"制的事实。《算地篇》曰："凡世主之患，用兵者不量力，治草莱者不度地。"[3] 根据人地比例，或务开荒，

---

[1] 李零：《〈商君书〉中的土地人口政策与爵制》，载《李零自选集》，桂林：广西师范大学出版社，1998年，第185页。

[2] 蒋礼鸿撰：《商君书锥指》，北京：中华书局，1986年，第129页。

[3] 蒋礼鸿撰：《商君书锥指》，北京：中华书局，1986年，第42页。

或致力于招徕人口垦草,都要经由国家授田之后才能推行。《徕民篇》亦曾有言:"意民之情,其所欲者田宅也"。[1] 作者主张"利其田宅""与其所欲",即由国家给民众授之田宅。虽然《徕民篇》中授田的对象是三晋之民,但授田政策却是秦国固有的。《境内篇》明确规定:"能得甲首一者,赏爵一级,益田一顷,益宅九亩,一除庶子一人。"[2] 这与商鞅的变法令足以互相呼应。《史记·商君列传》云:"明尊卑爵秩等级,各以差次;名田宅、臣妾、衣服,以家次。有功者显荣,无功者虽富无所芬华。"[3] 所谓"名田宅"就是按"名"占有田宅。此"名"应是指国家户籍上的名称。商鞅的变法令中明确提出这一规定,一方面以法令形式承认个人名义占有土地的合法性,更重要的是为了奖励军功,因为个人占有田宅的大小是按照由军功取得的爵位等级来授予的,这与普通民户的授田显然是有

---

[1] 蒋礼鸿撰:《商君书锥指》,北京:中华书局,1986年,第91页。
[2] 蒋礼鸿撰:《商君书锥指》,北京:中华书局,1986年,第119页。蒋礼鸿认为一除当作级役。
[3] 〔汉〕司马迁撰:《史记》,〔宋〕裴骃集解,〔唐〕司马贞索隐,〔唐〕张守节正义,北京:中华书局,1982年,第2230页。

别的。[1]

证之秦简,也足见传世文献所言不妄。如睡虎地秦简《徭律》曰:"其(指禁苑)近田恐兽及马牛出食稼者,县啬夫材兴有田其旁者,无贵贱,以田少多出人,以垣缮之,不得为徭。"[2]此律文是说苑囿如邻近农田,恐有动物及牛马出来吃禾稼,县啬夫应酌量征发在苑囿旁边有田地的人,不分贵贱,按田地多少出人,为苑囿筑墙修补,不得作为徭役。这就表明苑囿周围的田地是有明确主人的,而且律文中说"无贵贱",这就意味着拥有土地者的阶层非常广泛,既有贵族也有平民。《法律答问》云:"'盗徙封,赎耐。'何如为'封'?'封'即田阡陌、顷畔封也,且非是?而盗徙之,赎耐,何重也?是,不重。"[3]此律把私自移动农田疆界

---

[1] 关于军功赐田与普通民户授田的关系,目前尚存在争议:传统看法认为两者是性质不同的授田。近年来有学者对旧说发起挑战,认为两者从本质上讲皆是国家授田制,只是表现形式不同而已,军功授田是以普通份地授田为基础的。见张金光:《秦制研究》,上海:上海古籍出版社,2004年,第14页。
[2] 睡虎地秦墓竹简整理小组编:《睡虎地秦墓竹简》,北京:文物出版社,1978年,第77页。
[3] 睡虎地秦墓竹简整理小组编:《睡虎地秦墓竹简》,北京:文物出版社,1978年,第178—179页。

称为"盗徙封",[1] 就是看作侵犯土地所有权的行为。又曰:"部佐匿诸民田,诸民弗知,当论不当?部佐为匿田,且何为?已租诸民,弗言,为匿田;未租,不论○○为匿田。"[2] 其中部佐指乡部之佐,其职责是主民,收取赋税;租,指田赋。文谓部佐隐匿百姓的田,百姓不知,应否论罪?部佐应以匿田论处,还是作为别的罪?答曰:已向百姓收取田赋而不上报,就是匿田;未收田赋,不以匿田论处。这条律文再次告诉我们,百姓是田地的所有者,他们需要向国家上缴田赋。

秦国的国家授田制自确立以后,就随着其军事征伐的节节胜利而不断向四周辐射。出土的简牍材料为我们提供了可靠的例证,如四川青川木牍《更修为田律》云:"二年十一月己酉朔朔日,王命丞相戊(茂)、内史匽,□□更修为田律:田广一步,袤八则为畛。亩二畛,一百(陌)道。百亩为顷,一千(阡)道,道广三步。封,高四尺,大称其高。埒(埓),高尺,下

---

[1] 按:秦简律文中的"盗"和"贼"含义和后世不同。"盗"是指侵犯他人财物,而"贼"则指伤害他人的人身。

[2] 睡虎地秦墓竹简整理小组编:《睡虎地秦墓竹简》,北京:文物出版社,1978年,第218页。

厚二尺。以秋八月，修封捋（埒），正疆畔，及癹千（阡）百（陌）之大草。九月，大除道及除浍。十月为桥，修陂堤，利津□。鲜草，虽非除道之时，而有陷败不可行，相为之□□。"[1]

简文的年代，据整理者推断是秦武王二年。关于此律文的适用范围，学界分歧较大，有人认为此律只适用于"巴蜀地区"[2]；一说此律"重点必为京畿即内史辖境"[3]；张金光则力主"全秦说"，即认为此律文乃是适用于全秦的国法[4]。三说相较，我们更倾向于最后一说。由简文内容可知，所谓《更修为田律》应系将秦国以前之《为田律》武王二年重新加以更修改定而成者。武王曾向丞相甘茂表露过"欲容车通三川，窥

---

[1] 四川省博物馆、青川县文化馆：《青川县出土秦更修田律木牍——四川青川县战国墓发掘简报》，《文物》1982年第1期，第11页。关于简文当中的"畛""亩""顷""阡""陌"及其相互间的关系，学界争论不已，迄无定论。欲辨明此问题需另撰文，兹不做讨论。

[2] 此说由李昭和首倡，见李昭和：《青川出土木牍文字简考》，《文物》1982年第1期，第25—26页。罗开玉也赞同此说，参见罗开玉：《青川秦牍〈为田律〉再研究》，《四川文物》1982年第3期，第21—22页。

[3] 黄盛璋：《青川新出秦田律木牍及其相关问题》，《文物》1982年第9期，第72页。

[4] 张金光：《秦制研究》第2章第4节附论青川秦牍诸问题，上海：上海古籍出版社，2004年，第140—147页。

周室"[1]之志。在蜀地青川发现这一律文说明秦国早在武王时期就已经开始将本国的制度向新占领的地区推广。

又如睡虎地秦简《语书》记载南郡守腾于秦王政二十年向其辖区吏民发布的文告,"今法律令已具矣,而吏民莫用,乡俗淫泆之民不止,是即废主之明法也,而长邪僻淫泆之民,甚害于邦,不便于民。故腾为是而修法律令、田令及为间私方而下之,令吏明布。令吏民皆明知之,毋巨(距)于罪"。[2]这条文告指出:现在法律令已经具备了,仍有一些官吏、百姓不加遵守,习俗淫侈放恣的人未能收敛,这些行为助长邪恶淫侈的人,有害于国家,不利于百姓。所以腾把法律令、田令和惩办奸私的法规整理出来,令官吏公布于众,使官吏、百姓都清楚了解,不要违法犯罪。从这一文告的内容可知,南郡守腾极力用秦的统一法律来整饬楚地的"私好乡俗",田令正是其中

---

[1] 〔汉〕司马迁撰:《史记·秦本纪》,〔宋〕裴骃集解,〔唐〕司马贞索隐,〔唐〕张守节正义,北京:中华书局,1982年,第209页。
[2] 睡虎地秦墓竹简整理小组编:《睡虎地秦墓竹简》,北京:文物出版社,1978年,第15页。

重要的一项。

秦始皇统一六国后,更实行"海内为郡县,法令由一统"[1],田制也被统一推行到其政治辖区内的各个角落,包括少数民族区域,此后的历代封建王朝都深受这一制度的影响。

第五节 "武爵武任""粟爵粟任"——爵制改革

《盐铁论·险固篇》谓:"庶人之爵禄,非升平之兴,盖自战国始也。"[2] 广泛面向庶人的赐爵制度,是由商鞅变法正式开始的。商鞅的爵制主要包括军功爵和纳粟拜爵两种。其中军功爵主要根据斩获敌人的首级数来赐予爵位,而纳粟拜爵则是依据上交谷物的多少来确定。除此之外,还有告奸授爵等。商鞅以法治秦,注重赏罚,其鼓励民众从事农战之赏即以官爵为主。如《农战篇》所言:"凡人主之所以劝民者,官爵也;国之所以兴者,农战也。今民求官爵皆不以农战,而以巧言虚道,

---

[1] 〔汉〕司马迁撰:《史记·秦始皇本纪》,〔宋〕裴骃集解,〔唐〕司马贞索隐,〔唐〕张守节正义,北京:中华书局,1982年,第236页。
[2] 〔汉〕桓宽:《盐铁论》(诸子集成本),北京:中华书局,1954年,第52页。

此谓劳民。……是故不官无爵。"[1]《算地篇》云："故刑戮者，所以止奸也；而官爵者，所以劝功也。"[2]

因此，综合考察文献所见爵制，对于我们了解秦国自商鞅变法以来官爵制度的情况无疑是大有裨益的。

（一）"武爵武任"——军功爵制考析

战国时代，随着兼并战争的进一步扩大，各国都需要大量人力投入到疆场之上。为了广泛动员社会各阶层投身行伍，军功爵制应运而生。军功爵即按照战功授予的爵位，商鞅推行军功爵制的初衷是奖励民众从事战争。《韩非子·定法篇》云："商君之法曰：'斩一首者爵一级，欲为官者为五十石之官；斩二首者爵二级，欲为官者为百石之官。'官爵之迁与斩首之功相称也。"[3] 在商鞅的爵制中，按军功赐爵的军功爵制所占的比重最大，

---

[1] 简书曰："不官无爵，文意晦塞不完。疑是故下脱非疾农力战五字。"见蒋礼鸿撰：《商君书锥指》，北京：中华书局，1986年，第20页。高亨认为此句当作"是故不作壹，不官无爵"。见《商君书注译》附录之《商君书新笺》，北京：中华书局，1974年，第218页。按：事农战即作壹，两说或皆可通。

[2] 蒋礼鸿撰：《商君书锥指》，北京：中华书局，1986年，第50页。

[3]〔清〕王先慎撰：《韩非子集解》，钟哲点校，北京：中华书局，1998年，第399页。

第三章　商鞅变法

也最为重要。《商君书》中关于军功爵的记载又以《境内篇》最为集中。

1.《境内篇》所见军功爵制辨析

本篇文字浅白,虽无所谓微言宏论,但由于内容分合窜脱现象比较严重,故文意晦涩难通。小到标点断句、大至爵制的具体含义,自古及今,学界争论不休。为讨论方便计,兹抄录原文如下:

> 四境之内,丈夫、女子皆有名于上。生者著,死者削。其有爵者乞[1]无爵者以为庶子,级乞一人。其无役事也,其庶子役其大夫月六日;其役事也,随而养之军爵自一级已下至小夫命曰校徒操出公爵自二级已上至不更命曰卒[2]。其战也,五人来簿为伍,一人羽而轻其四人,能人得一首则复。五

---

[1]《广雅》云:"乞,与也。"(见〔清〕王念孙:《广雅疏证》,钟宇讯点校,北京:中华书局,2004年,第98—99页。)《说文》云:"与,赐予也。"(见〔汉〕许慎撰:《说文解字注》,〔清〕段玉裁注,上海:上海古籍出版社,1988年,第715页。)故此处的"乞"即"赐予"。

[2] 关于"军爵自一级已下至小夫命曰校徒操出公爵自二级已上至不更命曰卒"一句,由于理解不同,断句分歧较大,问题主要集中在对于"军爵""公爵"有无之辨上。

［十］[1]人一屯长，百人一将。其战，百将、屯长不得斩首；得三十三首以上，盈论，百将、屯长赐爵一级。五百主[2]，短兵五十人；二五百主，将之主，短兵百。千石之令，短兵百人；八百之令，短兵八十人；七百之令，短兵七十人；六百之令，短兵六十人。国封尉，短兵千人。将，短兵四千人。战及死吏，而轻短兵，能一首则优。能攻城围邑斩首八千已上，则盈论；野战斩首二千，则盈论；吏自操及校以上大将尽赏。行间之吏也，故爵公士也，就为上造也。故爵上造，就为簪褭。［故爵簪褭，］就为不更。故爵［不更，就］为大夫。

---

[1] 此处原文脱"十"字，因这里与百人之将并列的"屯"应是五十人的编制，而非五人。杨宽最早指出这一点，详见杨宽：《战国史》，上海：上海人民出版社，2003年，第251页页下注；李零在此基础上更从《续汉书》、睡虎地秦简、上古音韵等三方面予以补充论证，其说可从。参见李零：《〈商君书〉中的土地人口政策与爵制》，载《李零自选集》，桂林：广西师范大学出版社，1998年，第190页。

[2] "五百主"，朱师辙、高亨等皆解释为"五百人之长"。实际上，结合青海大通上孙家寨汉简的材料可知，"五百主"实即秩五百石之官，下文的"六百之令""七百之令""八百之令"实即秩六百、七百、八百石之官，"二五百主"即"千石之令"，全部是以秩级而称。参见李零：《〈商君书〉中的土地人口政策与爵制》，载《李零自选集》，桂林：广西师范大学出版社，1998年，第191页。

第三章 商鞅变法

爵吏而为县尉，则赐虏六，加五千六百。爵大夫而为国治，就为[官]大夫。故爵[官]大夫，就为公大夫。[故爵公大夫，]就为公乘。[故爵公乘，]就为五大夫，则税邑三百家。故爵五大夫，[就为大庶长。故大庶长，就为左更。故四更者，就为大良造。]皆有赐邑三百家，有赐税三百家。爵五大夫，有税邑六百家者，受客（卿）。大将、御、参皆赐爵三级。故客卿相，论盈，就正卿。[1]

以战故，暴首三，乃校三日，将军以不疑致士大夫劳爵。（夫劳爵其县）过三日有不致士大夫劳爵，能[2]其县四尉[3]，訾由丞尉。能得甲首

---

[1] 此处的断句从蒋礼鸿的说法，见《商君书锥指》，北京：中华书局，1986年，第116—118页。

[2] "夫劳爵其县过三日有不致士大夫劳爵能"十七字，各本均在上文"能人得一首则复"句下，孙诒让主张移于此处，并谓"夫劳爵"三字为衍文，又疑"能"为"耐"之借字。（见朱师辙：《商君书解诂定本》，北京：古籍出版社，1956年据1948年广州排印本增补重印，第72页。）注者多从其说，蒋礼鸿还认为"其县"二字亦蒙后文而衍。（见《商君书锥指》，北京：中华书局，1986年，第115页。）

[3] "其县四尉，訾由丞尉"，朱绍侯以为"四"即"国"字，形似致讹。"县"即"悬赏"的"悬"，"訾"作"评量"解。大意是劳爵悬赏由国尉评量，赐赏则由县丞、县尉执行。见朱绍侯：《军功爵制考论》，北京：商务印书馆，2008年，第58页。按：此说似亦可自圆其说。

一者,赏爵一级,益田一顷,益宅九亩,一[1]除庶子一人,乃得入[2]兵官之吏。其狱法,高爵訾下爵级。高爵能,无给有爵人隶仆。爵自二级以上,有刑罪则贬。爵自一级以下,有刑罪则已。小夫死,以上至大夫,其官级一等,其墓树级一树。

其攻城围邑也,国司空訾其城之广厚之数。国尉分地,以徒、校分积尺而攻之,为期,曰:"先已者当为最启,后已者訾为最殿。再訾则废。"内通则积薪,积薪则燔柱。陷队之士,面十八人。陷队之士,知疾斗,不得斩首;队五人,则陷队之士,人赐爵一级;死,则一人后;不能死之,千人环规,谏黥劓于城下[3]。国尉分地,以中卒随

---

[1] 朱师辙说:"一除","一"字疑衍。见朱师辙:《商君书解诂定本》,北京:古籍出版社,1956年据1948年广州排印本增补重印,第74页。

[2] 严校本原作"人",朱师辙曰:"得人当作得入。"(见朱师辙:《商君书解诂定本》,北京:古籍出版社,1956年据1948年广州排印本增补重印,第74页。)注者多从其说,兹从之改。

[3] 此处断句从刘如瑛之说。规当读为窥,谏与间音同字通。商鞅、韩非等法治主义者均主张在军政部门设"间"以为耳目,且有监督之用。本文即谓"间"者对战斗不力者处以黥劓之刑,以儆众士。详见刘如瑛:《诸子笺校商补》,济南:山东教育出版社,1995年,第

第三章 商鞅变法

之。将军为木壹[1],与国正监与王御史参望之。其先入者,举为最启;其后入者,举为最殿。其陷队也,尽其几者;几者不足,乃以欲级益之。

关于本篇的爵制,学者们争论的焦点主要在以下几个问题:

首先,关于"军爵""公爵"有无之辨。

本篇开头"其役事也随而养之军爵自一级已下至小夫命曰校徒操出公爵自二级已上至不更命曰卒"一处该如何断句,历来注家之间颇有歧见,并进而产生了"军爵""公爵"有无之争。

第一种观点以高亨为代表,断军爵、公爵为句,认为"军爵"与"公爵"相对,则此句读为:

> 其役事也,随而养之。军爵,自一级已下至

192页。严校本原文"千人環睹谏黥劓于城下",严校本删去谏字。朱师辙云:"规各本作㮰,亦误。当从絺眇阁本作规。"孙诒让曰:"環当为轘,声同字通。《说文》车部云:'轘,车裂人也。'"孙说亦与上下文难通。因为下文尚有黥劓之刑,车裂已是死刑,不得再加刑。

[1] 陶鸿庆云:"壹乃臺字之误,谓搆木为臺,以便瞭望也。"见陶氏:《读诸子札记》,《制言》1936年第26期,第15页。

小夫,命曰校徒操士[1]。公爵,自二级已上至不更,命曰卒。[2]

高亨解释说,公爵是相对于军爵而言的,如行政官吏的爵位与不任官职的人的爵位等是,只有军爵不在其内。

而另一种观点则以蒋礼鸿为代表,将"爵"字单断,认为无"军爵""公爵"之分,其句读如下:

其役事也,随而养之军。爵自一级已下至小夫命曰校、徒、操、公士[3]。爵自二级已上至不更命曰卒。[4]

按,由下文可知《境内篇》所述爵制的最低一级

---

[1] 此处的"士"字原文作"出",俞樾云:"出字疑当作士,古书士、出字多互误。"见俞樾:《诸子平议》,北京:中华书局,1954年,第402页。注家多从其说改之,下不赘引。

[2] 高亨注译:《商君书注译》,北京:中华书局,1974年,第146—147页。

[3] 于鬯认为"士公"应是"公士"的误倒,论者或从其说乙正原文。见〔清〕于鬯:《香草续校书》,张华民点校,北京:中华书局,1963年,第466页。

[4] 蒋礼鸿撰:《商君书锥指》,北京:中华书局,1986年,第114页。

是"公士","校徒操"无疑是低于一级爵"公士"的。如果按照第二种方法断句,将"公士"再次列于"校徒操"之后很显然是不妥的。因此第二种说法于上下文意上存在明显的纰漏。

同样,第一种观点也难免求之过深,以此句中的"军"字为例即可说明。《境内篇》开篇提及有爵者按规定可赐予无爵者作为庶子来为其服务。"其役事也"与"其无役事也"相对,若"军"字从前句断,"其役事也,随而养之军"是指有军事行动时,庶子就跟随其大夫到军中服务。因此若以"军"字属下,句读为"随而养之",其义亦与"随而养之军"同。换言之,"军"字从上断还是从下读,丝毫不影响文意。[1]《韩非子·定法篇》引用商鞅之法云:"'斩一首者爵一级,欲为官者为五十石之官;斩二首者爵二级,欲为官者为百石之官。'官爵之迁与斩首之功相称也。"这里并没有明确提出军爵和公爵的分别,相反它似乎更倾向于说明因军功所获之爵位也是适用于官吏的。最直接的证据是本篇中关于拜爵受赏的规定,"以战故,暴首三,

---

[1] 见邵文利、杜丽荣:《〈汉语大词典〉等工具书"军爵"、"公爵"条目献疑》,《学术界》2004年第6期,第137页。

乃校三日，将军以不疑致士大夫劳爵。过三日有不致士大夫劳爵，能其县四尉，訾由丞尉"。这里是说在军中对斩首之功先做出核实，其具体赐爵及赏赐则要由将士本人户籍所在地的地方行政官员来予以落实。这就表明军功获爵是适用于军队和地方的，并不存在所谓两套爵制系统。

反观《汉书·百官公卿表》，该书详细记载了沿用秦代的各级爵位，总称曰爵，未有军爵、公爵之分。如果有所谓军爵、公爵之别，那么《商君书》全书再无"军爵"二字似乎不合常理。

值得一提的是，云梦睡虎地秦简有《军爵律》[1]，是秦律十八种之一。但从其内容来看，并无所谓"军爵"及与之相关的记录。它主要讲的是因军功获爵的相关法律规定，包括赐爵的步骤及功用等，与《境内篇》所载相距甚远。

与以上纠缠于军爵有无的说法不同，朱师辙则不以"出"字为误写，他断句为："爵自一级已下至小夫，命曰校、徒、操，出公爵。自二级已上……"他认为"出

---

[1] 睡虎地秦墓竹简整理小组编：《睡虎地秦墓竹简》，北京：文物出版社，1978年，第92—94页。

公爵"是指"校""徒""操"出于二十等爵外。那么他的观点是否可靠？这还取决于我们对"校徒操"身份的判定。

此外，台湾学者杜正胜亦赞同朱师辙的断句，但他认为"出公爵"当谓校、徒、操无军功而获爵公士，其爵乃公所颁给。公爵二字不构成一个术语。如此则上引《境内篇》那段文字乃豁然可解。[1]按，这一解释虽然文通字顺，但明显有悖军功爵制的根本原则——无功不得授爵，睡虎地秦简《军爵律》有一条律文即足以反证杜说之非。其文曰："及隶臣斩首为公士，谒归公士而免故妻隶妾一人者，许之，免以为庶人。"[2]由此可见一级爵"公士"并非无功而直接由公所颁给，爵级的获得同样需要有军功斩首方可。

其次，一级爵等以下者的身份辨析。

关于"自一级已下至小夫，命曰校、徒、操"一句，朱绍侯认为其中的"小夫"是爵名，这从"自二级已上

---

[1] 杜正胜：《从爵制论商鞅变法所形成的社会》，《中央研究院历史语言研究所集刊》第56本第3分，台北：中央研究院历史语言研究所，1985年，第501页。

[2] 睡虎地秦墓竹简整理小组编：《睡虎地秦墓竹简》，北京：文物出版社，1978年，第93页。

至不更,命曰卒"可证。在"小夫"之上还应该有两个爵名,由于史书失载,现已无从查考。[1]而另有学者则认为"小夫"即"匹夫",是指没有爵位的人。[2]我们同意后一种看法,遍查《睡虎地秦墓竹简》简文,并无"小夫"作爵称讲的例证[3]。秦简中频繁出现的多为从公士到不更的低级爵位,与这些低级爵位并列的并无"小夫"这一爵称,可见"小夫"并非爵称,其身份应为普通民众,他们参军一般是做杂役,并非正式的士兵。

关于"校、徒、操"的身份,学界也看法不一。朱绍侯把《境内篇》的"爵自一级已下至小夫,命曰校、徒、操"句中的"校徒操"视为三级爵位,即校、徒、操三个一级以下的爵位,与一级以上的十七等爵

---

[1] 朱绍侯:《商鞅变法与秦国早期军功爵制》,《零陵学院学报》2004年第5期,第68页。

[2] 刘乐贤:《睡虎地秦简日书注释商榷》,《文物》1994年第10期,第35页。

[3] 《睡虎地秦简日书甲种》云:"阳日,百事顺成。邦郡得年,小夫四成。以祭,上下群神飨之,乃盈志。"这里的"小夫"联系上下简文绝对看不出是一种爵称,与前文"邦郡"对举,视为小民反倒更为妥当。详见睡虎地秦墓竹简整理小组编:《睡虎地秦墓竹简》,北京:文物出版社,1978年,第181页。

不同。[1]虽然这样正好符合二十级的级数，但有两点疑问：其一，如果一级公士以下还有三级爵位校、徒、操，那么"爵自一级已下至小夫"的"小夫"，也应视为一级爵位。若此，加上校、徒、操就是四级，再加上十七级，总数已为二十一级。其二，"爵自一级已下至小夫，命曰校、徒、操"句同下文"爵自二级已上至不更，命曰卒"一句，显然是相对应的。后句的意思很清楚，有二级上造以上至四级不更爵位者，称为"卒"。[2]这里的"卒"，显然不能说成是一个爵等。前句的意思应该是有一级公士爵位以下至小夫（无爵），称为"校徒操"。因此，"校徒操"也不应该看作是爵位名称。[3]

与朱说不同，大多数学者则认为"校徒操"是军

---

[1] 朱绍侯：《军功爵制研究》，上海：上海人民出版社，1990年，第35—38页。

[2] 这里说"二级以上至不更命曰卒"，可见有爵二级至四级者，在军中仍是作为士卒，与普通士卒同编为伍。但从第五级即大夫一级开始已算高爵而不以士卒为伍。如睡虎地秦简《法律答问》有云："大夫寡，当伍及人不当？不当。"（见睡虎地秦墓竹简整理小组编：《睡虎地秦墓竹简》，北京：文物出版社，1978年，第217页。）这条简文可证大夫一级爵位较前四级待遇高。

[3] 胡大贵：《商鞅制爵二十级献疑》，《史学集刊》1985年第1期，第8页。

中地位较低者，但具体意见分歧仍比较大。高亨认为"校徒操士即教育操练的士兵"；张金光则认为高说于文字虽可通，然而于其事大不合。从全篇内容来看，"校徒操"这部分人在军中的地位甚低，是从事苦力的劳动者。张结合大量秦简材料及传世文献指出"校"乃"技"之误，"出"为"掘"之坏误。"校徒操出"当作"技徒，操掘"。"技徒"乃其兵种名类，"操掘"乃其业。简言之，此乃军中之工程兵，其作者乃为军中之最苦重且最危险者[1]。李零则据下文"吏自操及校以上大将"判断，"校、徒、操"是由高到低排列的军中徒役之名。[2]

以上三种说法把"校徒操"或视为负责教育操练的士兵、工程兵，或看作军中徒役。比较而言，我们更赞同最后一说，即认为他们是军中徒役。准确地说，他们应该是军中担任一定职事的小吏。除已有论据外，尚有几点可资补充。其一，后文讲攻城围邑时云："国司空訾其城之广厚之数。国尉分地，以徒、校分积尺

---

[1] 张金光：《秦制研究》第 11 章爵制第 3 节，上海：上海古籍出版社，2004 年，第 760—766 页。
[2] 李零：《〈商君书〉中的土地人口政策与爵制》，载《李零自选集》，桂林：广西师范大学出版社，1998 年，第 189 页。

而攻之，为期，曰：'先已者当为最启，后已者訾为最殿。再訾则废。'内通则积薪，积薪则燔柱……"这里是说在围攻敌国城邑之前，"国司空"先测量城墙的宽度、厚度，然后再由"国尉"划分地段，让徒、校来负责各自的区域。从对他们完成进度快慢的赏罚来看，最严重的赏罚是"废"，即革职，这与秦律当中对工师、田啬夫、牛长等负责具体任务的小吏的处罚是一致的，因为秦律对于无职务的普通小民，处罚一般是"谇""鞭笞"或"黥劓"。其二，相关律文显示，担任一定职务的小吏也要与其下属共同参加劳动。如前文列举的工师、牛长等人都和自己的下属一起做工、放牛。又如"司寇"本为刑徒名，但同时他还负责监管和看守城旦、舂等重犯，因此也属于刑徒当中的管理者。他们与城旦、舂等一起从事同样的劳作，而且属于专职，不能让他们去做赶车、烹炊等其他杂役。[1]

从全文来看，"校、徒、操"既参与野战杀敌，还具体负责攻城围邑。因此，他们应是军中的小吏，与普通士兵同甘共苦。至此，我们认为朱师辙的断句是

---

[1] 秦简《司空律》中不乏其例，见睡虎地秦墓竹简整理小组编：《睡虎地秦墓竹简》，北京：文物出版社，1978年，第88—91页。

正确的，即"爵自一级已下至小夫，命曰校、徒、操，出公爵。自二级已上至不更，命曰卒"。

第三，"客卿"为官位、爵位之辨。

《境内篇》在叙述了爵制等级之后，又云："故客卿相，论盈，就正卿。"一般学者多把这里的"客卿""正卿"放在爵制之外来考虑，或以为客卿是一种官位，正卿比之高一级。[1] 而朱绍侯的解释则与此不同，他认为从上下文意来判断，"客卿"与"正卿"应该是爵位的名称，在《墨子·号令篇》也有例证。[2] 客卿是第十级，十一级是正卿，十二级是大庶长。客卿就是左庶长，商鞅入秦就是以客卿被封为左庶长。如此上推，正卿当为右庶长。[3]

那么，究竟"客卿"属于官位还是爵位？要对此做出明确的回答，还必须稽考其他文献。"客卿"一词，习见于《战国策》《史记》，如魏人张仪，秦惠王任之为客卿[4]。苏秦，东周人，由燕入齐，齐宣王以为客

---

[1] 高亨注译：《商君书注译》，北京：中华书局，1974年，第150页。
[2] 朱绍侯：《军功爵制研究》，上海：上海人民出版社，1990年，第39页。
[3] 朱绍侯：《军功爵制试探》，上海：上海人民出版社，1980年，第25页。
[4] 〔汉〕刘向集录：《战国策·秦策一》，上海：上海古籍出版社，1998年，第92页。

卿[1]。乐毅，魏人，往来通燕、赵，燕、赵以为客卿[2]。魏人范雎[3]、燕人蔡泽[4]，皆被秦昭王任命为客卿。李斯，楚人，仕于秦，秦王政以为客卿。

何谓"客卿"？《资治通鉴》胡三省注云："秦有客卿之官，以待自诸侯来者，其位为卿而以客礼待之也"。[5]这是对客卿较为完整的解释。按照胡注所言，客卿具有双重身份：一为客，是他国来的客人，因此"以客礼待之"；二为官，以客人身份参与国家军政事务，其位为卿。因此，客卿这一称谓和身份，只授给外来的士人。从上述例证可见，胡注说仅秦有客卿之官显然是不准确的，客卿乃是战国时期各国为吸引他国士人而普遍设立的一级官名。一般是在他国士人初

---

[1] 〔汉〕司马迁撰：《史记·苏秦列传》，〔宋〕裴骃集解，〔唐〕司马贞索隐，〔唐〕张守节正义，北京：中华书局，1982年，第2265页。

[2] 〔汉〕司马迁撰：《史记·乐毅列传》，〔宋〕裴骃集解，〔唐〕司马贞索隐，〔唐〕张守节正义，北京：中华书局，1982年，第2434页。

[3] 〔汉〕司马迁撰：《史记·范雎蔡泽列传》，〔宋〕裴骃集解，〔唐〕司马贞索隐，〔唐〕张守节正义，北京：中华书局，1982年，第2410页。

[4] 〔汉〕刘向集录：《战国策·秦策三》，上海：上海古籍出版社，1998年，第220页。

[5] 〔宋〕司马光编著：《资治通鉴·周纪二》"显王三十六年"条，〔元〕胡三省音注，北京：中华书局，1956年，第68页。

来本国，尚无功劳，其才能得到国君的赏识，因此让其位比九卿，参与国家大事的情况下授给的。之所以称为客卿，还由于没有被看作是本国的正式官员。正卿是对客卿而言，客卿立了功，"盈论"，就迁为正卿，方被看成是本国的正式官员。迁正卿是以正式赐爵来表示的，如《史记·秦本纪》载，客卿胡阳因战功而赐爵为中更。刘劭《爵制》云："自一爵以上至不更四等，皆士也。大夫以上至五大夫五等，比大夫也。九等，依九命之义也。自左庶长以上至大庶长，九卿之义也。"[1] 商鞅爵制只有十六级[2]，则自左庶长以上至大良造以下均位比九卿，即属正卿。所以，正卿既不是爵称，也不是官名，应属于一个爵等范围。凡正式取得"卿"的官阶的，均属正卿。反之，客卿若为爵称，则不应当限制赐爵对象，无论国人、客人只要有功，均当赐予。前引事例已经表明客卿只赐给外来之人而非本国之民，也进一步从事实上证明客卿不是爵位名

---

[1] 〔宋〕范晔撰：《后汉书·百官志五》"关内侯"条注，〔唐〕李贤等注，北京：中华书局，1965年，第3630页。
[2] 参见拙著：《出土文献与〈商君书〉综合研究》上编《商君书》分篇成书时代考证，新北：台湾花木兰文化出版社，2013年，第196页。

称。秦统一之前，客卿之名史不绝书，而统一之后，由于天下之民同为一国之黔首，产生客卿的历史条件已经消失，故客卿之官亦随之消失。因此，客卿、正卿似不宜视为两级爵位。[1]

总之，《境内篇》记载的爵位，反映了商鞅变法以来秦国爵制特别是军功爵的主要内容。对其中的内容进行辨析无疑是我们进行相关研究的基础。

2. 军功爵的论定和具体应用

除了详细记载爵制等级外，《境内篇》还规定了攻城与野战的立功标准、考核办法、惩罚措施以及军功爵赏赐的具体办法。

首先，关于爵赏原则。主要包括如下几条：

（1）尚首功。尚首功包括两层含义：其一是以杀人多少为标准，即所谓"斩首"之功；其二是一首一级，这里的首指甲首[2]，如《境内篇》所云："能得甲首一者，

---

[1] 胡大贵：《商鞅制爵二十级献疑》，《史学集刊》1985年第1期，第8页。
[2] 这里的"甲首"应指着铠甲之敌军，在战争中要斩获甲士之首是比较困难的事情，因此普通士兵斩一首即赐爵一级。或谓着铠甲者应

赏爵一级。"这两者具备其一即可获赐爵位。不过由于爵制本身包括一定的等级,低等爵可以一甲首论一级,高等爵则有更多的限制,不可能轻易获得。

(2)将吏与士卒区别论功。斩首之功还分为个人立功和集体立功两种,这是由各人在军中所处地位的不同决定的。普通士卒以个人斩首数量论功,而军中诸吏则以集体论功。如《境内篇》规定,军中小吏赐爵的标准为:"五人一屯长,百人一将。其战,百将、屯长不得斩首;得三十首以上,盈论,百将、屯长赐爵一级。"而军中的高级将领,则又不同,"能攻城围邑斩首八千已上,则盈论;野战斩首二千,则盈论"。秦对于军吏强调并鼓励其发挥指挥才能,而对于普通士卒则鼓励其个人斗志。这两者界限严格,不得混同。秦律当中亦明令禁止将吏亲自斩首,如《秦律杂抄》云:"故大夫斩首者,迁。"[1] 按,大夫列秦爵第五等,有此爵者,其在军中必定为军吏。因此该律文明令禁

是军吏,身份比一般士卒要高,因此赏赐也相应较大。未详孰是,聊备一说。

[1] 睡虎地秦墓竹简整理小组编:《睡虎地秦墓竹简》,北京:文物出版社,1978年,第131页。

第三章　商鞅变法

止大夫亲自斩首，违令者要处以流放之刑。而从秦律对官吏的处罚等级来看，迁刑比革职、罚为鬼薪等徒刑还要重。秦国治军之严由此可见一斑！

关于百将、屯长的爵级，据杜正胜考证，百将在五百主之下，可能是大夫，或略低。官职视实缺容有高低，但爵位的进退却是严格的。《境内篇》从四级进入五级，合屯长与百将而言，即是这缘故。而屯长大概可以具有不更的身份。不过，他也认为大夫与百将、不更与屯长也不必然符合。[1]《境内篇》所言"百将、屯长不得斩首"恰与此律相合。当然在特殊情况下对普通士卒的军功也是灵活的，不必人人斩获一敌首才赐爵一级。如《境内篇》又规定，由十八人组成的攻城冲锋队，斩获敌首五个，即可每人赐爵一级。毕竟攻城冲锋是最为危险的事情，因此奖赏也比较特殊。从本质上讲也是根据功劳的大小来赐爵。

以上赐爵原则表明，秦爵的授予既有原则，又不失灵活性。

---

[1] 杜正胜：《从爵制论商鞅变法所形成的社会》，《中央研究院历史语言研究所集刊》第56本第3分，台北：中央研究院历史语言研究所，1985年，第505页。

其次，具体的赐爵步骤，大致有如下几步：

第一步："验首"。《境内篇》规定："以战故，暴首三，乃校三日，将军以不疑致士大夫劳爵。"即在战争结束后立即将所斩获敌首公布陈列，并加以校验，验首以三日为期限。秦简《封诊式》中有两则"验首"的案例，其中一则记载士伍甲与丙争夺邢丘之战的敌首，由军戏某负责校验诊识，律文曰："诊首□髳发，其右角痏一所，袤五寸，深到骨，类剑迹；其头所不齐䏟䏟然。以书譅首曰：'有失伍及迟不来者，遣来识戏次。'"[1] 这里军中负责人对首级的头发、额头创伤的深度及颈部刀口的形状等做了详细的校验，最后还用文书征求掉队的和迟到的前来军戏驻地辨认。之所以如此仔细，是为了给论功提供一个可靠的根据。由此亦足见秦人对军功爵之重视。

第二步："论"。首级经校验无误后，便可论赐劳爵。《境内篇》规定："(夫劳爵其县)过三日有不致士大夫劳爵，能其县四尉，訾由丞尉。"由此可见斩首数目在军中校验无误后，其结果要提供给士卒籍贯所在

---

[1] 睡虎地秦墓竹简整理小组编：《睡虎地秦墓竹简》，北京：文物出版社，1978年，第257—258页。

县，由县根据规定论予功爵。论次功爵必须迅速，不得超过战后三天；否则要罢免县中尉官。云梦睡虎地四号墓出土的木牍甲，是秦王政时战士黑夫从前线写的家信，黑夫在信中说："书到皆为报，报必言相家爵来未来，告黑夫其未来状。"[1] 黑夫询问家里当地政府是否给他论功予爵，这也证明《境内篇》关于军功爵的论定是符合实际的。

第三步："赐"。即在论功予爵的同时赏赐各种相应待遇。"论"是按照功劳大小来实行的，而"赐"则是与爵位等级直接挂钩的。"赐"的具体内容包括如下几个方面：

①获得田宅及庶子隶家。《境内篇》规定："能得甲首一者，赏爵一级，益田一顷，益宅九亩，一除庶子一人。"获得爵位，即赐予田宅及庶子作为随从。《封诊式》有爰书云："某里公士甲缚诣大女子丙，告曰：'某里五大夫乙家吏。丙，乙妾也。乙使甲曰：丙悍，谒

---

[1] 湖北孝感地区第二期亦工亦农文物考古训练班：《湖北云梦睡虎地十一座秦墓发掘简报》，《文物》1976年第9期，第61页。整理者从云梦四号墓出土的器物形制与十一号墓，以及其他地区战国晚期墓或秦墓出土的同类器物相比较判断，认为该墓的年代当在秦统一以前。

黥劓丙。'"[1] 按，五大夫属于秦爵第九等，属于高爵。该文书显示爵五大夫的乙拥有管理家务的私吏，还有奴婢。虽然律文中只出现了家吏甲和妾大女子丙，但五大夫乙拥有的仆从当为数不少。

②可以继承。秦简的相关记载表明，军功爵是可以父死子继的。《秦律杂抄》有律文云："战死事不出，论其后。有（又）后察不死，夺后爵，除伍人；不死者归，以为隶臣。"[2] 文谓在战争中死事不屈，应将爵位授予其子。如后来察觉此人未死，应褫夺其子的爵位，并惩治同伍的人；那个未死者回来，作为隶臣。

③可以为吏。《境内篇》谓获爵后，"乃得入兵官之吏"。意即方才可以在军队中担任官吏。《韩非子·定法篇》曾谓"商君之法曰：'斩一首者爵一级，欲为官者为五十石之官；斩二首者爵二级，欲为官者为百石之官。'"[3] 这些显然是针对军功爵而言的，而且从这段

---

[1] 睡虎地秦墓竹简整理小组编：《睡虎地秦墓竹简》，北京：文物出版社，1978年，第260页。

[2] 睡虎地秦墓竹简整理小组编：《睡虎地秦墓竹简》，北京：文物出版社，1978年，第146页。

[3] 〔清〕王先慎撰：《韩非子集解》，钟哲点校，北京：中华书局，1998年，第399页。

话明确"欲为官者为……之官"可知，这其实暗示不当官也是可以享有爵位的，毕竟国家的官职数量是有一定限度的。韩非对商君之法军功爵可以为吏的征引有与史实乖戾之处[1]，兹不赘述。

④可以减、免罪刑。《境内篇》还规定："其狱法，高爵訾下爵级……爵自二级以上，有刑罪则贬。爵自一级以下，有刑罪则已。"这说明有爵者可以用爵位来减刑。秦简《军爵律》又提供了爵位可以免隶臣妾为庶人的证据，其文曰："欲归爵二级以免亲父母为隶臣妾者一人，及隶臣斩首为公士，谒归公士而免故妻隶妾一人者，许之，免以为庶人。"[2]

3. 商鞅爵制的特色

秦爵以军爵为主，普通民众能得到爵位还是比较少见的，且一般是低等爵；而汉代的民爵则非常普遍。秦的军爵凭战功和劳绩，而汉代的民爵则赖天子赏赐，

---

[1] 详见杜正胜：《从爵制论商鞅变法所形成的社会》，《中央研究院历史语言研究所集刊》第56本第3分，台北：中央研究院历史语言研究所，1985年，第502—503页。

[2] 睡虎地秦墓竹简整理小组编：《睡虎地秦墓竹简》，北京：文物出版社，1978年，第93页。

此其一。秦爵至七或八级已经算高爵，不易达到。而汉代的民爵仅凭赏赐就可以达到八级的公乘，此其二。[1]

商鞅变法时吸取各国的改革经验，结合秦国的情况，颁布了"有军功者，各以率受上爵；为私斗者，各以轻重被刑"的法令。这样就在秦国建立了"明尊卑爵秩等级，各以差次；名田宅、臣妾、衣服，以家次"[2]的新的等级制度。从此秦的新兴贵族们可以根据"劳大者其禄厚，功多者其爵尊"的原则，牢固地掌握政权，而旧贵族的政治特权却被剥夺，并据此又有"宗室非有军功，论不得为属籍"的说法。事实上，宗室贵族还是会获得一定优待，如睡虎地秦简《法律答问》抄录了这样一条律文，其中规定："内公孙无爵者当赎刑，得比公士赎耐不得？得比焉。""内公孙"指宗室的后裔。意即没有爵位的宗室子孙应判处赎刑的，可否与公士同样减处赎刑？可以同样判处。[3] 无爵之内

---

[1] 〔日〕西嶋定生：《二十等爵制》，武尚清译，北京：国际文化出版公司，1992年，第62—63页。

[2] 〔汉〕司马迁撰：《史记·商君列传》，〔宋〕裴骃集解，〔唐〕司马贞索隐，〔唐〕张守节正义，北京：中华书局，1982年，第2230页。

[3] 睡虎地秦墓竹简整理小组编：《睡虎地秦墓竹简》，北京：文物出版社，1978年，第231页。

公孙，显然是没有军功者，从这条简文来看，他们似乎隶属于宗室。在军功爵制的规定下，人的政治地位要由有无军功来决定。《商君书·刑赏篇》云："利禄官爵，抟出于兵。""富贵之门，必出于兵。"这就说明秦人要获得富贵爵禄，立下军功是一个重要的渠道。秦昭王十三年（前294）的伊阙之战，秦将白起因斩首二十四万之大功，官职升为国尉，爵封由左更升至大良造。

军功爵制在秦统一六国的过程中也发挥了很大的作用，如李斯在狱中给秦二世的上书中即言及："先王之时，秦地不过千里，兵数十万，臣尽薄材，谨奉法令，阴行谋臣，资之金玉，使游说诸侯；阴修甲兵，饰政教，官斗士，尊功臣，盛其爵禄，故终以胁韩弱魏，破燕、赵，夷齐、楚，卒兼六国，虏其王，立秦为天子。"[1]

综上所述，军功爵在秦国长期占据主导地位，这与秦自商鞅变法以来的具体战略有关。秦自商鞅变法后国富兵强，几乎连年对外发动战争。秦为"尚首功之国"，商鞅本人对军功爵制的作用也高度重视。《错

---

[1] 〔汉〕司马迁撰：《史记·李斯列传》，〔宋〕裴骃集解，〔唐〕司马贞索隐，〔唐〕张守节正义，北京：中华书局，1982年，第2561页。

法篇》有言:"行赏而兵强者,爵禄之谓也。爵禄者,兵之实也,是故人君之出爵禄也道明。道明则国日强,道幽则国日削。故爵禄之所道,存亡之机也。夫削国亡主,非无爵禄也,其所道过也。三王五霸,其所道不过爵禄,而功相万者,其所道明也。"[1] 这里把推行军功爵制得当与否,视为国家"存亡之机",未免言之过甚,但也足见其对军功爵制的重视程度。对军功进行爵赏集中体现了法家信赏必罚的思想特点。

值得一提的是,军功爵制的实施与战国时期兵制的变革直接相关。西周春秋时期,军事活动仅限于居于国中的各级贵族,居于鄙野的庶民一般是作为军中的汲樵厮舆之类杂役而出现的。进入战国时代,包括庶民在内的所有民众都被纳入国家的征兵范围,庶民得以参加战争,这是他们可因军功而获爵的重要前提条件。

(二)"粟爵粟任"——纳粟拜爵浅析

以往学界对商鞅变法更改爵制的研究皆侧重于军

---

[1] 蒋礼鸿撰:《商君书锥指》,北京:中华书局,1986年,第63页。

第三章　商鞅变法

功爵上，但其实商鞅的爵制还包括"纳粟拜爵"。《商君书》中曾不止一次提及纳粟拜爵之制，由于目前学界对此关注较少，兹辨析如下：

最早提出这一制度是在《去强篇》，是篇谓："兴兵而伐，则武爵武任，必胜；按兵而农，粟爵粟任，则国富。"朱师辙解释此句说："武爵武任，谓以战功大小赐爵任官；粟爵粟任，谓以致粟多寡赐爵任官。《史记·商君列传》'有军功者，各以率受上爵。……大小僇力，本业耕织致粟帛多者复其身'是也。"[1]《弱民篇》更进一步解释"纳粟拜爵"的目的与功效，云："故民富而不用，则使民以食出官爵。官爵必以其力，则农不偷。农不偷，六虱无萌。"《壹言》《靳令》两篇亦有类似论点。如《壹言篇》谓："农则易勤，勤则富。富者废之以爵，不淫。"《靳令篇》："民有余粮，使民以粟出官爵。官爵必以其力，则农不怠。"此即所谓纳粟拜爵之制。商君以农战为国，于农穀必有详密之管

---

[1] 朱师辙：《商君书解诂定本》，北京：古籍出版社，1956年据1948年广州排印本增补重印，第19页。朱氏引《商君列传》原文有遗漏，断句亦有误。此处的标点从日人泷川资言之说，〔汉〕司马迁撰：《史记会注考证附校补》卷5，〔日〕泷川资言考证，〔日〕水泽利忠校补，上海：上海古籍出版社，1986年，第1354页。

理方法，惜其书残缺不可复睹。纳粟拜爵之制恰巧为我们了解商鞅的农战政策提供了一个重要的切入点。

从上述言论可知，纳粟拜爵的初衷是为了解决壹民于农政策的弊病。毕竟相对于以战致强来说，以农求富的目标更容易实现，且见效更快。秦国所在的关中地区是以擅长农耕著称的周人的发祥地，这里土地肥沃，且有重农的传统，因此农业是比较发达的。早在春秋时期，秦国就曾大举运粮赈济晋国的灾荒，著名的"泛舟之役"即可见一斑。[1]秦孝公任用商鞅主持变法，为鼓励农耕曾专门下达《垦草令》[2]，在严刑峻法之下，秦国农业迅速出现丰收之效是自然之事。而随之产生的问题是，民众包括农民和各类地主在上缴国家赋税之后，尚存有多余的粮食。针对这一情况《去强篇》有详尽而深入的分析，其文曰：

> 金生而粟死，粟死而金生。本物贱，事者众，

---

[1]《左传》僖公十三年（前647）记载晋惠公在位期间由于连年灾荒，仓廪空虚，向邻近的秦国买粮。"秦于是输粟于晋，自雍及绛相继，名之曰'泛舟之役'。"见杨伯峻编著：《春秋左传注》，北京：中华书局，1990年，第345页。

[2] 蒋礼鸿撰：《商君书锥指》，北京：中华书局，1986年，第5页。

买者少，农困而奸劝，其兵弱，国必削至亡。金一两生于境内，粟十二石死于境外。粟十二石生于境内，金一两死于境外。国好生金于境内，则金粟两死，仓府两虚，国弱。国好生粟于境内，则金粟两生，仓府两实，国强。[1]

这段话论述了粮食与钱币的辩证关系，说明一方面国家要以农为本、重视农耕；同时又要控制粮食的流通，避免让农民因为粮价低而受损失，这样才能富强至王。更为严重的后果是民众富裕之后容易变得骄奢淫逸，就难以管理并为国所用了。如《说民篇》云："民贫则弱，国富则淫。淫则有虱，有虱则弱。故贫者益之以刑则富，富者损之以赏则贫。""故曰：'王者国不蓄力，家不积粟。'国不蓄力，下用也；家不积粟，上藏也。"[2]

"纳粟拜爵"正是在这样的背景下提出的一种对策，它一方面可以提高农民"务疾农"的积极性；另一方面还能够让民众的财富向国库集中，形成国富民弱

---

[1] 蒋礼鸿撰：《商君书锥指》，北京：中华书局，1986年，第33—34页。
[2] 蒋礼鸿撰：《商君书锥指》，北京：中华书局，1986年，第38—39页。

的局面。民众不会变得骄纵,易于听从国家的派遣。可以说,这一制度的创立与实施,才真正确保了秦国的农业朝着持续增长的方向发展,从而为对外征战奠定坚实的物质基础。

秦王政四年(前243)十月庚寅,"蝗虫从东方来,蔽天。天下疫。百姓内粟千石,拜爵一级"。[1] 这是商鞅变法后文献明确记载的第一次纳粟拜爵,说明纳粟拜爵之制在秦国是付诸政治实践的,《商君书》所言非虚。这次纳粟拜爵是由蝗灾引起的,目的是为解决粮荒问题。

有学者指出纳粟拜爵"实质是变相卖爵,开后世卖爵的先例"。[2] 事实上,《商君书》中多次出现的"粟爵粟任""纳粟拜爵"的主张表明:至少纳粟拜爵的初衷是为了驱民于农,这一举措完全符合商鞅本人的农战策略。实施"纳粟拜爵",也符合商鞅本人重农抑商的政策。如《去强篇》所言,实行输粟得官爵的措施,

---

[1] 〔汉〕司马迁撰:《史记·秦始皇本纪》,〔宋〕裴骃集解,〔唐〕司马贞索隐,〔唐〕张守节正义,北京:中华书局,1982年,第224页。

[2] 朱绍侯:《军功爵制研究》,上海:上海人民出版社,1990年,第105页。

使农民的大部分余粮直接转入国家手中,从而大大减少粮食上市的数量,这样商人想要囤积居奇,便会更加困难。而农民拿到市场上去出卖的粮食数量减少,粮价必然上涨,这样从事农业生产变得有利可图,农民从事农业生产的积极性也会大大提高。因此,"纳粟拜爵"的出发点是好的,也与爵制在秦人政治生活中的重要作用相符。至于后来发展成变相卖爵是汉代爵制轻滥、政治昏暗的结果,也是出乎创制者的本意的。至少在战国及秦代爵制比较盛行的时代,纳粟拜爵的积极性是不容否定的。

(三)对商鞅爵制的若干认识

1. 爵制正名——秦爵不等于军功爵辨析

秦国的爵制有其发展演变的过程,《汉书·百官公卿表》所载的二十等爵是其最后的完成形态,《境内篇》所言爵制保留有更为早期的痕迹。为了适应战国形势发展的需要,秦爵的一个突出特点即同军功紧密结合。正是在这个意义上,有学者把秦爵制称为"军功爵"。但是由于秦的爵制还可以通过其他途径获得,因此这种说法实际上欠妥当。

从上文对商鞅爵制内容的分析中可以看出，秦国的爵制称为因功拜爵更为恰当。《史记·商君列传》讲商鞅变法实行爵制时谓"有功者显荣，无功者虽富无所芬华"即是对此很好的注解。此外，尚可补充如下几点：

第一，商鞅的变法令即已表露出其爵赏不限于军功的原则，其文曰："令民为什伍，而相牧司连坐。不告奸者腰斩，告奸者与斩敌首同赏。匿奸者与降敌同罚。"[1]而众所周知，"商君之法曰：'斩一首者爵一级，欲为官者为五十石之官；斩二首者爵二级，欲为官者为百石之官。'"[2] 既然"告奸与斩首同赏"，这就表明告奸者亦可获得爵赏，换言之，爵制的授予范围是比较广泛的。在《睡虎地秦墓竹简》中有这样一条材料："《捕盗律》曰：捕人相移以受爵者，耐。"[3] 这条律文表明当时秦国法律对在军功

---

[1] 〔汉〕司马迁撰：《史记·商君列传》，〔宋〕裴骃集解，〔唐〕司马贞索隐，〔唐〕张守节正义，北京：中华书局，1982年，第2230页。

[2] 〔清〕王先慎撰：《韩非子集解》卷17《定法》，钟哲点校，北京：中华书局，1998年，第399页。

[3] 睡虎地秦墓竹简整理小组编：《睡虎地秦墓竹简》，北京：文物出版社，1978年，第147页。有学者指出这条律文说明军功爵制不仅适用于军功，而且也颁赐给捕盗有功的人，以此类推，也可以颁赐其他方面有功的人。（见朱绍侯：《军功爵制研究》，上海：上海人民出

第三章 商鞅变法

之外的其他方面有功之人,如抓捕盗贼者,皆赐予爵位。

第二,商鞅个人的经历亦是典型的例证。据《史记·秦本纪》记载,秦孝公采纳商鞅之农战政策,"居三年,百姓便之。乃拜鞅为左庶长"。这里商鞅受封左庶长之爵位显然不是因为军功,而是因为政绩卓著。

第三,严格实行论功受爵赏的原则。秦昭王时,秦大饥。应侯提议用五苑之果蔬来赈济民众,遭到昭王的回绝,因为"吾秦法:使民有功而受赏,有罪而受诛。今发五苑之蔬草者,使民有功与无功俱赏也。夫使民有功与无功俱赏者,此乱之道也。夫发五苑而乱,不如弃枣蔬而治"。[1] 史书确载秦国非功赐爵的仅有三例:秦昭王二十一年(前286),"(司马)错攻魏河内,魏献安邑,秦出其人,募徙河东,赐爵,赦罪人迁之"。[2] 这是商鞅变法后、秦王政以前唯一

版社,1990年,第42页。)我们认为这种认识无疑夸大了军功爵制的范围。按照商鞅及其学派信赏必罚的治国方略,对社会各个阶层的有功者进行适当的赏赐包括赐爵是顺理成章的,不必仅限于军功。

[1] 〔清〕王先慎撰:《韩非子集解》卷17《外储说右下》,钟哲点校,北京:中华书局,1998年,第337页。

[2] 〔汉〕司马迁撰:《史记·秦本纪》,〔宋〕裴骃集解,〔唐〕司马贞索隐,〔唐〕张守节正义,北京:中华书局,1982年,第212页。

的一次非功赐爵诏令。秦昭王二十六年、二十七年、二十八年均有徙民的记载,但都是"赦罪人",并无徙民赐爵的记录。秦始皇二十七年、三十六年两次赐民爵。上述事例说明秦爵尚功,且不轻易赐爵。

第四,关于劳爵。由于军功爵的限制和晋爵标准非常严格,对有战功而不够晋爵资格的人,商鞅还规定了"劳"以补其不足。《境内篇》一再"劳、爵"并称。睡虎地秦简《中劳律》云:"敢深益其劳岁数者,赀一甲,弃劳。"[1] 此"劳"与《墨子·号令篇》"数使人行劳,赐守边城关塞、备蛮夷之劳苦者"[2] 所"行"之"劳"同。古时劳绩常以日计算,有功时即"赐劳"若干日,有过时则罚若干日。秦的"赐劳""致劳",或如睡虎地秦简《军爵律》"从军当以劳论及赐"[3],这里的"劳"皆指劳绩,虽然不及爵位尊贵,但也是身份和荣宠的一种表征。

综上所述,商鞅爵制相当复杂,绝非"斩一首者

---

[1] 睡虎地秦墓竹简整理小组编:《睡虎地秦墓竹简》,北京:文物出版社,1978年,第135页。

[2] 〔清〕孙诒让撰:《墨子间诂》,孙启治点校,北京:中华书局,2001年,第587页。

[3] 睡虎地秦墓竹简整理小组编:《睡虎地秦墓竹简》,北京:文物出版社,1978年,第92页。

爵一级"的军功授爵所能涵盖。社会各个阶层的个体获得爵位这一身份进阶，无论难易，均有路径。即便未达到晋爵标准的，有功还可得到劳赏。因此，这种爵制就充分鼓舞人心和刺激人们的功利进取之心而言，是非常完善的制度。

2. 爵制的具体内容

《商君书》所见之爵制，如《境内篇》所说大致包括十六个等级。而按照《史记·商君列传》所言，"明尊卑爵秩等级，各以差次；名田宅、臣妾、衣服，以家次"。[1] 各个爵等在田宅、臣妾、服食等方面的待遇是有别的，仅以传食待遇为例，睡虎地秦简为我们提供了珍贵的资料。秦简《传食律》规定："其有爵者，自官士大夫以上，爵食之。"[2] 律文谓爵为大夫、官大夫以上的，按其爵位规定供应饭食。整理者注曰："官士大夫，指秦爵第五级大夫和第六级官大夫。《汉旧

---

[1] 〔汉〕司马迁撰:《史记·商君列传》,〔宋〕裴骃集解,〔唐〕司马贞索隐,〔唐〕张守节正义,北京：中华书局,1982年,第2230页。

[2] 睡虎地秦墓竹简整理小组编:《睡虎地秦墓竹简》,北京：文物出版社,1978年,第101页。

仪》：'大夫，五爵，赐爵五级为大夫，大夫主一车，属三十六人。官大夫，六爵，赐爵六级为官大夫，官大夫领车马。'又：'令曰：秦时爵大夫以上，令与亢礼。'"准此，则秦时爵制的等级是非常严密的，不同爵级的待遇是有专门规定的，自第五级大夫开始即配备一辆马车，显示出超乎前四级的尊贵性。大夫以下的爵位仅传食的待遇显然就差了很多，《传食律》紧接着说："不更以下到谋人，粺米一斗，酱半升，采（菜）羹，刍藁各半石。宦奄如不更。"[1]整理者注谓："不更，秦爵第四级，《汉旧仪》：'不更，四爵，赐爵四级为不更，不更主一车四马。'谋人，据简文当为秦爵第三级簪袅的别称。"律文显示爵为不更的传食待遇与宦者相同。至于上造以下的低级爵位，其传食待遇为"粝米一斗，有菜羹，盐廿二分升二"，与"官佐、吏毋（无）爵者"及"卜、史、司御、寺、府"之类人等等同。[2]

爵制的赏赐包括劳役豁免、赋税豁免，赐田、宅、

---

[1] 睡虎地秦墓竹简整理小组编：《睡虎地秦墓竹简》，北京：文物出版社，1978年，第102页。
[2] 睡虎地秦墓竹简整理小组编：《睡虎地秦墓竹简》，北京：文物出版社，1978年，第103页。

钱财等，有罪可抵偿；死后还可以在墓上封树。这些从另一方面也反映出当时秦法之严酷及百姓负担之重，否则它不会制定得如此详细，对百姓的诱惑力也不会如此之大。

商鞅变法以来的爵制改革与西周春秋以来的公侯伯子男之五等爵制已迥然不同，具体表现在以下几个方面：第一，获取爵位的标准不同。以前得封五等爵者，或为功勋，或为宗室，或为先王后裔，或为强有力者，不必有功于国。而秦国的新爵制则只限于有功者，它是按照有功授爵显荣、无功者虽富无所芬华的原则来推行的。故虽宗室，无军功，亦不得属籍封爵。第二，有爵者的待遇不同。以前封爵，均授民、授土，是封地内的君长。而新爵制下除彻侯等高爵外，一般只有爵名，而无封土。即使是获得封土的高爵，他们所拥有的也仅是封地内的税收，对封地并无管理权。因此，有爵者大多无土可私，无民可子，爵名与封土分离。第三，爵位的时效不同。以前的爵位，一经授予，即可世袭，极少变动。而新爵制则有功者进爵，有罪者夺爵。随时可以予夺，较少固定性。

总之，商鞅变法的爵制改革是战国时代尚贤、尚功等观念在制度上的直接反映。当时秦国的爵制并不局限于军功，在其他方面有功之人皆可获赐爵位。军功爵、纳粟拜爵、捕盗赐爵、告奸获爵等名目，恰好反映了秦国坚持法家信赏必罚的治国方略。国家鼓励民众的重要措施就是赐爵，民众的斩敌首和纳粟等行为都以争得爵位为实际目的，这就使民众利益和国家利益一定程度上取得了一致，显然有助于上下一心。

如果说西周春秋时期君主的"赐命"凝聚了广大的贵族阶层，那么战国时期的爵制特别是军功爵制和纳粟拜爵等则调动了广大民众的积极性。从"赐命"到"赐爵"，表现的并不仅仅是赏赐方法的变化，更为重要的是，它还反映了在政治舞台上普通民众地位的加强。相对于西周春秋以来的贵族世袭五等爵制和世卿世禄制，军功爵制在战国时期是一种很有活力的政治体制。对于摧毁诸侯割据的封建政治，建立中央集权的君主专制政治，爵制可谓功莫大焉！

需要指出的是，尽管爵制在战国至秦代的社会生活中占有重要的地位，但由于当时社会的不断分化，有些无爵或低爵者的经济地位也会超过爵位较高者。

睡虎地秦简《法律答问》曾记载上造甲偷盗一只羊[1]，上造是秦爵第二级。而其中《封诊式》的《群盗》章，则记载士伍（无爵者）数人共同抢劫公士某家，"盗钱万"，[2]公士是一等爵。从这两支简文可以看出，低爵的公士某显然要比高爵而盗羊的上造甲富有得多。这就提醒我们简单地以爵制的等级来分析当时的社会及其阶层，未必能得出准确的结论。

---

[1] 睡虎地秦墓竹简整理小组编：《睡虎地秦墓竹简》，北京：文物出版社，1978年，第173页。
[2] 睡虎地秦墓竹简整理小组编：《睡虎地秦墓竹简》，北京：文物出版社，1978年，第255页。

第四章　商鞅之死

　　学界对商鞅的研究主要集中于由他主持的变法活动，对商鞅生平特别是他在秦孝公去世之前的一段经历即"孝公欲傳商君"一事则鲜有人关注[1]。

　　"孝公欲傳商君"的说法主要见于《战国策·秦策一》，其文曰："商君治秦，法令至行，……孝公行之十八年[2]，疾且不起，欲傳商君，辞不受。孝公已死，

---

[1] 目前所见仅有晁福林《商鞅史事考》一文对此有专门论述，参见《中国史研究》1994年第3期。晁文从商鞅、孝公及战国时期的王权观念三方面分析认为孝公欲传位商鞅一说有合理之处，然尚有余意未尽，这里拟做进一步补充。

[2] 《战国策》原文作"行之八年"，姚宏云："一本'八'下有'十'字。"即认为此处当为"行之十八年"。清人王念孙曰：一本是也。《史记·秦本纪》："孝公元年，卫鞅入秦；三年，说孝公变法；五年，为左庶长；十年，为大良造；二十二年，封为商君；二十四年，孝公卒。"计自为左庶长至孝公卒时，已有二十年。又《商君传》："商君相秦十年而孝公卒。"《索隐》曰："案《战国策》云：'孝公行商君

第四章 商鞅之死

惠王代后,莅政有顷,商君告归。"[1]

这里的"傳"字,《战国策》鲍彪注本谓"傳位与之";而姚宏注本云"傳,犹禪也。'傳',或作'傅'也"。[2]显然,鲍彪注本和姚宏注本的第一个说法是一致的,即都认为秦孝公打算传位商鞅。唯一的区别在于,姚宏本的"'傳',或作'傅'也",正是这一字之别,秦孝公的动机则变为"欲傅商君",即孝公想任命商鞅作傅,辅佐太子(即秦惠王)。由此看来,关于秦孝公临终前欲传位商鞅?还是让他为傅,辅佐太子?在文献当中是有争议的。

一般认为孝公欲传位商鞅是战国纵横术士之言,不足为据,因此很多学者对此记载多不予理会。而在《战国策》的传世版本中,姚宏本因为保存较多的汉儒

法十八年而死',与此文不同者,盖连其未作相之年说耳。"据此,则《策》文本作"十八年"明矣。详见王念孙:《读书杂志·战国策》,载《战国策校释两种》,北京:首都师范大学出版社,1994年,第7页。

[1] 〔汉〕刘向集录:《战国策》,上海:上海古籍出版社,1998年,第75—77页。

[2] 〔汉〕刘向集录:《战国策》,上海:上海古籍出版社,1998年,第77页。此书所用底本为清嘉庆年间黄丕烈刊刻的姚宏本,即士礼居丛书本。同时该书在注解中又汇集了四部丛刊影印的元至正年间刊刻的鲍彪注吴师道校本,即鲍彪本。

高诱注而素为学界所重,鲍彪注本则因"多窜改"高注而备受诟病,被认为不如姚宏本。[1]因此,鲍本的这一注解即"傅位"说之可靠性难免要大打折扣。而姚本的"任命商君为傅"说也长期淹没,未引起学人注目。究竟哪种说法更可信呢?

第一节 "孝公欲傅商君"说释疑

从情理上分析,姚本的"任命商君为傅"说完全讲得通。任命商鞅作傅,辅佐继任的惠王为政这一做法无论从商鞅本人的威望,还是孝公的本意来看都合乎常理。由于变法取得的巨大成功,商鞅的威望在秦国群臣中几乎无人能及;作为太子的辅政重臣,他自是不二人选。孝公本人也很想自己一手促成的霸业能

---

[1] 如清人黄丕烈在所撰《战国策札记》中曾云:"《战国策》经鲍彪殽乱,非复高诱原本,而剡川姚宏较正本,博采《春秋后语》诸书,吴正传(即吴师道)驳正鲍注,最后得此本,叹其绝佳。"见〔汉〕刘向集录:《战国策》,上海:上海古籍出版社,1998年,第1204页。又如张之洞在《书目答问》中列举《战国策》各传世本时即明确指出:"鲍彪注本多窜改,不如此两本(即姚宏的两种校正续注本)。"见张之洞:《书目答问补正》,上海:上海古籍出版社,2001年,第87页。

第四章 商鞅之死

得以延续,由商鞅辅佐太子继续推行法治也符合孝公的本意。因此,商鞅其实是没有理由拒绝的。但是《秦策一》下文紧接着却说商鞅"辞不受"。商鞅究竟为何"辞不受"?这一点是孝公命商鞅为傅辅佐太子一说最令人费解之处。

就个人胆识而言,商鞅不会不敢接受孝公的临终托命,去当太子的师傅。商鞅变法所面临的阻力是巨大的,整个变法过程自始至终反对的言论、举动从未停止过。据《商君书·更法篇》记载,变法还未付诸实践,即遭到甘龙、杜挚等旧贵族的反对,双方展开激烈的辩论。变法的过程中,又遇到太子师傅唆使太子犯法的故意破坏行为。最终商鞅秉公执法,对太子师傅公子虔、公孙贾分别施以劓刑和黥刑。商鞅相秦十年,"宗室贵戚多怨望者"。名士赵良曾借机劝商鞅急流勇退,甚至还直言不讳地提醒商鞅:由于变法而招致积怨太多、四面树敌,"亡可翘足而待"。其实,商鞅本人对此也有着清醒的认识,并早有思想准备。他每次外出前,都要经过严密护卫,"后车十数,从车载甲,多力而骈胁者为骖乘,持矛而操阖戟者旁车而趋"。[1] 为了确保变法的持续性，商鞅没有听从赵良的意见，依然勇敢地同以太子为首的反对势力做斗争，置个人生死于不顾。从他主持变法时不畏权贵之气度来看，商鞅绝非贪生怕死之辈。孝公这样的临终托命，正可为商鞅缓和与太子的矛盾提供绝好的机会，而且他还可以继续推行自己为之奋斗终生的变法事业。他又如何会轻易放弃呢？

既然"孝公欲傳商君"难以自圆其说，那么"孝公欲傳（位）商君"说又何以服人？我们认为孝公欲傳位商鞅之说并非空穴来风，只是未能付诸实践罢了；而且只有作如此理解才能更好地解释商鞅之死。兹辨析如下：

其一，从"傳""傅"二字的字义及用法来看，传世《战国策》注解本的分歧似应以鲍彪注本的"傳位"说（同姚宏本第一说）更为合理。

傳，《说文》："遽也。从人專声。"而《说文》辵部曰："遽，傳也。"故傳、遽二字互训。又因傳、遽二字有"以车马给使也""驿也""舍也"等义，故段玉裁注谓"则

---

[1] 〔汉〕司马迁撰：《史记·商君列传》，〔宋〕裴骃集解，〔唐〕司马贞索隐，〔唐〕张守节正义，北京：中华书局，1982年，第2235页。

凡辗转引申之称皆曰傳，而傳注、流傳皆是也"。[1] 同时，又由于"禪"通"嬗"，实为"傳"，[2] 因此，"傳"又有"禪"之义。如《淮南子·精神训》"故举天下而傳之于舜"，高诱注云："傳，禪。"[3] 由此，我们判断《战国策》"孝公欲傳商鞅"一句，姚宏本的"傳，犹禪也"确乎出自高诱原注。《韩非子·外储说右上》有云："尧欲傳天下于舜，鲧谏曰：'不祥哉！孰以天下而傳之于匹夫乎？'"由后文可知，这里的"傳"亦禪也，指傳位。不仅如此，"傳""禪"同字，《战国策·赵策四》"昔者尧见舜于草茅之中……阴移而授天下傳。"姚宏本云："刘（按，指刘向）去'傳'字。"黄丕烈《札记》按："'傳'、'禪'同字。"[4] 此外，"傳"，授也。《吕氏春秋·不屈篇》"愿得傳国"，高诱注："傳，授。"[5]

---

[1] 〔汉〕许慎撰：《说文解字注》，〔清〕段玉裁注，上海：上海古籍出版社，1987年，第377页。

[2] 〔清〕朱骏声编著：《说文通训定声》，北京：中华书局，1984年，第748页。

[3] 何宁撰：《淮南子集释》，北京：中华书局，1998年，第533页。

[4] 〔汉〕刘向集录：《战国策》，上海：上海古籍出版社，1998年，第758页。

[5] 〔战国〕吕不韦：《吕氏春秋新校释》，陈奇猷校释，上海：上海古籍出版社，2002年，第1209页。

傅，《说文》："相也，从人尃声。"而"尃"通"敷"，分布也。《说文》："尃，布也。"故从尃得声之傅亦假为敷。此外，"傅"还与"附""付""覆"通假，有"辅""迫""至"等含义。[1]"傅"作名词用时，意为"太傅""师傅"。如《左传·襄公十六年》"羊舌肸为傅"，《礼记·内则》"十年，出就外傅"。这两处的傅均为名词，指太傅，为三公之一。又如《荀子·大略》"国将兴，必贵师而重傅"；《韩非子·说林上第二十二》举鲁孟孙氏令秦巴西为其子傅的故事，云："居三月，复召以为其子傅。其御曰：'曩将罪之，今召以为子傅，何也？'"后两例中的"傅"也是名词，指师傅。

在文献中"傅"也作动词，其后直接接宾语。如《国语·晋语四》载晋文公"欲使阳处父傅讙也而教诲之"[2]、《国语·晋语七》晋悼公"乃召叔向使傅太子

---

[1] 〔汉〕许慎撰：《说文解字注》，〔清〕段玉裁注，上海：上海古籍出版社，1987年，第409—410页。
[2] 上海师范大学古籍整理研究所校点：《国语》，上海：上海古籍出版社，1998年，第386页。

第四章 商鞅之死

彪"[1]、《国语·楚语上》楚庄王"使士亹傅太子箴"[2],再如《孟子·滕文公下》"有楚大夫于此,欲其子之齐语也,则使齐人傅诸?使楚人傅诸?"[3]上举数例中的"傅"皆为动词,意即"做……的师傅",句式皆为"使……傅……","傅"后接的是教授的对象。"傅"作动词用时,含义也略有差别,如《左传·僖公二十八年》:"郑伯傅王。"杜注曰:"傅,相也。"[4]这里的"傅"作"相"解,非谓郑伯作周襄王的师傅,而是指郑文公担任傧相,在周天子策命晋文公重耳时,辅助礼仪。

从上述的例证可以看出,作"襌""授"解的"傅"字在古汉语中一般都是动宾结构,"傅"后的宾语或为"天下""国",或为要"傅"的对象——某人。而作"师傅"解的"傅"字多为名词。"傅"作动词,或用作使

---

[1] 上海师范大学古籍整理研究所校点:《国语》,上海:上海古籍出版社,1998年,第445页。
[2] 上海师范大学古籍整理研究所校点:《国语》,上海:上海古籍出版社,1998年,第527页。
[3] 杨伯峻译注:《孟子译注》,北京:中华书局,1960年,第151页。
[4] 杨伯峻编著:《春秋左传注》,北京:中华书局,1990年,第463页。

动用法，无论含义如何，后都直接接宾语，而绝少有省略宾语的例证。

需要指出的是，"傅""傳"二字在本义、引申义上均无相通之处。从声韵上来看，"傅"为非母鱼部字，而"傳"为澄母元部字，这两者无论声部、韵母都相隔甚远，读音也无法通假。但是在字形上，"傅"所从的声旁"尃"古字写法却与"傳"所从的声旁"專"形混同[1]，因此，"傅""傳"的相通其实是形近而讹，而在文献中，"傅""傳"二字因形近讹误而互相通用的例子不胜枚举。[2]

概言之，如按姚宏本"'傳'，或作'傅'也"的说法，"孝公欲傅商君"一句需要调整语序为"孝公欲商君傅"，并增补直接宾语（太子），意思才能完整。而

---

[1] 何琳仪：《战国古文字典——战国文字声系》，北京：中华书局，1998年，第600页。

[2] 如《仪礼·觐礼》"四傳摈"，郑玄注谓："古文傳作傅。"《周礼·夏官·训方氏》"诵四方之傳道"郑玄注："故书傳为傅。"《庄子·山木》"从其强梁，随其曲傅"中的"傅"，陆德明《释文》云："傅音附。司马云：'曲附己者随之。'本或作傳。"《战国策·齐策五》"车舍人不休傅"，黄丕烈按："傅，今本作傳。"《韩非子·说疑》"若夫转法易位，全众傅国"，俞樾《诸子平议》按语云："傅作傳。"上述几例中，与"傳"通用的"傅"，含义或近似于"傳"，指传递、传播等，或指附着、依附，而与"傳位""师傅"等含义相去甚远。

第四章　商鞅之死

考察"傅"的用例后，我们发现"傅"作动词时省略宾语的用法极为鲜见。反之，若理解为"孝公欲傳商君"，既符合"傳"的用法，句义也晓畅明了。因此，鲍彪本"孝公欲傳商君"要比姚宏本"孝公欲傅商君"更为合理，姚本"'傳'，或作'傅'也"的说法应属形近而产生的传抄错误。因此，千百年来学界对这一说法并不看重。

其二，禅让思潮的兴起为孝公行禅让奠定了舆论基础。

禅让在战国时期曾经是盛极一时的社会思潮，并对现实政治产生一定影响。在战国前期尚贤学说的基础上，随着思想界尚贤呼声的急剧高涨，尚贤的极致即把最高统治权让与贤能者的禅让学说也应运而生。近年出土的战国简帛材料中，郭店楚简的《唐虞之道》和上博简《容成氏》《子羔》等篇均集中讨论禅让。《唐虞之道》开篇即言："唐虞之道，禅而不传。尧舜之王，利天下而弗利也。""禅而不传……仁之至也"，"禅也者，上德授贤之谓也"。[1] 上博简《容成氏》认为

---

[1] 荆门市博物馆编：《郭店楚墓竹简》，北京：文物出版社，1998年，第157—158页。

从上古帝王到尧舜禹皆推行"不授其子而授贤"[1]的禅让之道,《子羔》亦云:"昔者而弗世也,善与善相受也。"[2]在同一时期,儒、墨、道、法等主要的学术派别均对禅让发表了自己的看法,推动了禅让思潮的发展。[3]特别是在战国政坛上"事口舌、取尊荣"的纵横家们,他们的游说活动进一步扩大了禅让思潮的影响,并促使其向现实的政治实践迈进。战国中后期,受禅让思潮的影响,在现实政治当中确实出现了几次君主欲主动禅让臣下的事例。如《吕氏春秋·审应览·不屈》篇记载魏惠王曾两次欲让位于其相惠施,惠施坚辞。"魏惠王谓惠子曰:'上世之有国,必贤者也。今寡人实不若先生,愿得传国。'惠子辞。王又固请曰:'寡人莫有之国于此者也,而传之贤者,民之贪争之心止矣。欲先生之以此听寡人也。'惠子曰:'若王之言,则施不可而听矣。……今施,布衣也,可以有万乘之

---

[1] 马承源主编:《上海博物馆藏战国楚竹书》(二),上海:上海古籍出版社,2002年,第249页。

[2] 马承源主编:《上海博物馆藏战国楚竹书》(二),上海:上海古籍出版社,2002年,第183页。

[3] 参阅拙稿:《从尚贤到禅让——战国政治思想变化的一个侧面》,《南都学坛》2005年第3期。

第四章 商鞅之死

国而辞之,此其止贪争之心愈甚也。'"[1] 其叙事方式与《秦策一》非常相似:都是国君让国,臣下不受。又如《战国策·魏策二》载魏国谋士犀首曾与张仪谋划劝谏魏王让位于张仪,其文曰:"犀首欲穷之,谓张仪曰:'请令王让先生以国,王为尧、舜矣;而先生弗受,亦许由也。衍请因令王致万户邑于先生。'张仪说,因令史举数见犀首。"[2] 这里的记载已非常露骨地点出借尧舜禅让传说来沽名钓誉的术士策略。

唯一一次实现君主和平让位的事件即燕王哙的禅让。据《史记·燕召公世家》记载,术士鹿毛寿劝燕王哙仿效尧禅让许由之举让国位于其相子之,于是燕王哙"因收印自三百石吏已上而效之子之",结果子之当仁不让,"南面行王事",燕王哙只好假戏真做,"哙老不听政,顾为臣,国事皆决于子之"。[3] 这场闹剧发生在燕王哙三年(前318),但很快就引起太子平与将

---

[1] 〔战国〕吕不韦:《吕氏春秋新校释》,陈奇猷校释,上海:上海古籍出版社,2002年,第1205—1206页。

[2] 〔汉〕刘向集录:《战国策》,上海:上海古籍出版社,1998年,第822页。

[3] 〔汉〕司马迁撰:《史记·燕召公世家》,〔宋〕裴骃集解,〔唐〕司马贞索隐,〔唐〕张守节正义,北京:中华书局,1982年,第1556页。

军市被的率众反叛,燕国"构难数月,死者数万"。[1]不仅如此,燕国还遭受齐、中山等国的进攻。自燕国禅位事件后,禅让学说遭到社会舆论的广泛责难和摒弃。如明确主张伐燕的孟子就曾批评燕国的禅让是一种不用王命、不顾逆顺的"私受"行为。[2] 因此,我们推测早于燕国禅让二十余年的秦孝公欲传位商鞅[3]一事,很可能也是受了这股社会思潮的影响。

其三,从孝公的为人而言,此举其实颇具深意。

不可否认,与战国时的诸侯国君相比,秦孝公不愧为一代雄主。而究其为人,则是一位推崇霸道的君主,与其他诸侯并无二致。孝公即位之初,有感于"诸侯卑秦"的耻辱,求贤若渴。这才有商鞅的西入秦之举。但商鞅得孝公重用也并非一帆风顺,而是历经波折。商鞅曾先后以帝道——王道——霸道游说孝公,对远古圣王之道和儒家的王道,孝公并无兴趣,唯独

---

[1] 〔汉〕司马迁撰:《史记·燕召公世家》,〔宋〕裴骃集解,〔唐〕司马贞索隐,〔唐〕张守节正义,北京:中华书局,1982年,第1557页。
[2] 杨伯峻译注:《孟子译注》,北京:中华书局,1960年,第99页。
[3] 据《史记·秦本纪》,孝公二十四年(前338),秦惠王即位,次年改元。而商鞅在孝公去世后不久即被杀害,由此可知孝公传位商鞅之年应在公元前338年或孝公二十三年即前337年。

第四章 商鞅之死

对富国强兵的霸道却听得非常入神,"不自知膝之前于席也,语数日不厌"。[1]由此观之,这样一位野心勃勃、一心想称霸的国君不会具有太高的道德操守。变法之初,商鞅曾因太子犯法而处置了太子的师傅。在变法的过程中,又"日绳秦之贵公子"。其实商鞅与他们素无怨仇,之所以如此大开杀戒,乃是为了确立法的威信,加强秦孝公的权力。对商鞅的这些举动,秦孝公也应该是支持的。为了政治目的,他能够暂时舍弃骨肉亲情。但随着变法的成功,商鞅无论在秦国还是诸侯国之间皆威望空前,孝公对此不会不有所顾忌。对于这个自己一手提拔并放手让他去变法的政治帮手,孝公既信任又有所戒备。他早知商鞅与太子存有芥蒂,太子的威望远不及商鞅,这二人在他身后能否联手延续他的霸业?商鞅有无取而代之之意?凡此种种,都让孝公心存疑虑。因此,孝公在临终之际假意要传位商鞅,极有可能只是故作姿态,一则试探商鞅,同时还可借当时流行的禅让思潮为自己留下圣明的美誉。

其四,商鞅本人有相当浓厚的权力欲和很高的威

---

[1]〔汉〕司马迁撰:《史记·商君列传》,〔宋〕裴骃集解,〔唐〕司马贞索隐,〔唐〕张守节正义,北京:中华书局,1982年,第2228页。

望。《史记·商君列传》中名士赵良劝谏商鞅时说:"今君又左建外易,非所以为教也。君又南面而称寡人,日绳秦之贵公子。"[1] 此句中的"南面而称寡人"一语,这里有必要稍加辨析。

按,"南面",古代以坐北朝南为尊位,故天子诸侯见群臣,或卿大夫见僚属,皆南面而坐。后来引申泛指帝王或大臣的统治为"南面"。如《史记·樗里子甘茂列传》载秦国将伐蒲,蒲守派胡衍去游说秦将樗里子,胡衍不辱使命后,蒲守赏赐他金三百斤,并许诺:"秦兵苟退,请必言子于卫君,使子为南面。"[2] 这里的"南面"类似于《论语·雍也》"雍也,可使南面",指的应当是众官吏之长。"寡人"指寡德之人,也非君主之专称;古代王侯或士大夫自谦之词。如《左传·隐公三年》"请子奉之以主社稷,寡人虽死亦无悔焉",这里自称寡人的是宋穆公。而唐以后唯皇帝得称

---

[1] 〔汉〕司马迁撰:《史记·商君列传》,〔宋〕裴骃集解,〔唐〕司马贞索隐,〔唐〕张守节正义,北京:中华书局,1982年,第2234页。
[2] 〔汉〕司马迁撰:《史记·樗里子甘茂列传》,〔宋〕裴骃集解,〔唐〕司马贞索隐,〔唐〕张守节正义,北京:中华书局,1982年,第2309页。

第四章 商鞅之死

寡人。[1]

"南面"和"寡人"二词虽不专指君主,但二者连言在先秦文献当中还应视为行国君之权。如《战国策·齐策四》载颜斶说齐宣王之语曰:"当今之世,南面称寡者,乃二十四。"[2]《庄子·盗跖》:"凡人有此一德者,足以南面称孤矣。"[3]《韩非子》有《南面篇》,讲的是为人君之道。春申君黄歇担任楚相二十多年,"虽名相国,实楚王也"。他担任楚相如日中天而权力甚大的时候,曾经有人劝他"代立当国,如伊尹、周公,王长而反政,不即遂南面称孤而有楚国"。[4]商鞅获封为商君,在孝公晚年其权力可谓"一人之下,万人之上"。

凡此皆可证,"南面而称寡人"即表明商鞅曾经有僭越君权的举动。虽然还没有材料能直接证明他一定

---

[1] 〔清〕赵翼撰:《陔余丛考》卷36《寡人》,北京:中华书局,1963年,第783页。

[2] 〔汉〕刘向集录:《战国策》,上海:上海古籍出版社,1998年,第409页。

[3] 曹础基:《庄子浅注》,北京:中华书局,2000年,第443页。

[4] 〔汉〕司马迁撰:《史记·春申君列传》,〔宋〕裴骃集解,〔唐〕司马贞索隐,〔唐〕张守节正义,北京:中华书局,1982年,第2397页。

是称王了，但他出现僭越君主的行为也不算意外。名士赵良还直言不讳地批评商鞅，"贪商、於之富，宠秦国之教"，意指商鞅贪图权势。

对于孝公的"主动让贤"，尽管商鞅最终"辞不受"，但在孝公去世后，他仍然未能避免惨遭杀戮的下场。商鞅主持变法二十余年，在秦国已经拥有很高的声望。孝公去世不久，惠王继位。有人进谏说："今秦妇人、婴儿皆言商君之法，莫言大王之法。是商君反为主，大王更为臣也。且夫商君，固大王仇雠也，愿大王图之。"[1] 秦惠王杀掉商鞅固然是听信了谗言，但商鞅的个人威望对其君位构成的威胁应是惠王的最大心病。因此，功高盖主应是商鞅之死的最主要原因。

综上所述，我们推测孝公临终前有传位商鞅之举，而并非让商鞅做太子的师傅。孝公欲传位商鞅，而在禅让之风盛行的战国前期，弑君夺权之事虽早有先河，但尚未有国君真正传位于臣下的先例。这是孝公敢于做出"欲傳商君"这样超乎寻常的试探之举的深层原

---

[1]〔汉〕刘向集录：《战国策》，上海：上海古籍出版社，1998年，第77页。

因，而深谙为臣之道的商鞅及时推辞则实属应然之事。

第二节 英雄末路

孝公去世后，太子立，是为秦惠王[1]。关于商鞅的被诬和被诛经过，《史记·商君列传》有较为完整的记载：秦惠王继位后，公子虔之徒诬告商鞅谋反，惠王遂下令缉拿商鞅。

商鞅不得不走上逃亡之路。到秦国边境，想投宿馆驿，却被主人以"商君之法，舍人无验者坐之"予以回绝。进入魏国时，不仅被拒绝入境，还被逼迫返秦。无奈之下，商鞅被迫潜逃至他个人名下的封地，发商、於十五邑邑兵，连同其私徒属，北进击郑地。后来，秦惠王派兵攻打商鞅及其造反的私徒属并取得成功，商鞅本人则被诛杀于渑池。

对于《史记》的说法，已有学者指出其中的缺漏和讹误。《战国策·秦策一》谓"孝公已死，惠王代后，

---

[1] 按：秦惠文王称王是其即位后第十四年发生的事，这里径称其为王是为了行文方便计。惠王初即位时称惠文君，见〔汉〕司马迁撰：《史记·秦本纪》，〔宋〕裴骃集解，〔唐〕司马贞索隐，〔唐〕张守节正义，北京：中华书局，1982年，第205页。

莅政有顷，商鞅告归"。而商鞅告老的原因和具体情况，在《吕氏春秋·无义篇》有更为详细的补充，"秦孝公薨，惠王立，以此（指欺公子卬一事）疑公孙鞅之行，欲加罪焉。公孙鞅以其私属与母归魏。襄疵不受，曰：'以君之反公子卬也，吾无道知君。'"[1] 而此举是商鞅败北的一个开端。[2] 襄疵为魏邺令，而邺是由秦入魏的要冲。此时商鞅在秦权位尚尊，故得以长驱直入魏国的邺地。遭邺令拒绝后，不得已而返秦。当此之时，秦惠王在贵族们的多方煽动之下下令捉拿商鞅，商鞅逃亡至关下，被舍人以"无验"为由拒绝入住。商鞅再次逃亡到魏国，此时商鞅已从炙手可热的"商君"变成"秦之贼"，魏国不仅不敢接纳他，还担心秦

---

[1] 〔战国〕吕不韦：《吕氏春秋新校释》，陈奇猷校释，上海：上海古籍出版社，2002年，第1501页。

[2] 晁福林：《商鞅史事考》，《中国史研究》1994年第3期，第128页。这里还有一个疑问：商鞅为何带着自己的私属和老母去魏国而非卫国避难呢？首先，从他在魏相门下任中庶子时与公子卬关系甚好可以判定商鞅在魏国还有其他旧交可投靠，他很可能还希望在魏国东山再起；其次，魏与秦接壤，距离最近，也是逃亡的首选。而商鞅带着私属和老母离开秦国，可见他是抱有去秦不再复返的决心。他的母邦卫国早已沦为一个弱小的附庸国，因此，商鞅再回到卫国不会有大的作为，去魏国实属必然。

第四章 商鞅之死

国的报复而将他驱逐回秦国。[1]

英雄末路,这位在秦国政坛上叱咤数十载的风云人物,竟然落得作茧自缚的可悲结局。战国末年,法家的集大成者韩非对前期法家人物的悲惨结局有着深切的理解和同情。他与堂谿公之间曾有这样一段对话:

> 堂谿公谓韩子曰:"臣闻服礼辞让,全之术也;修行退智,遂之道也。今先生立法术,设度数,臣窃以为危于身而殆于躯。何以效之?所闻先生术曰:'楚不用吴起而削乱,秦行商君而富强。二子之言已当矣,然而吴起支解而商君车裂者,不逢世遇主之患也。'逢遇不可必也,患祸不可斥也。夫舍乎全遂之道而肆乎危殆之行,窃为先生无取焉。"韩子曰:"(臣)[2]明先生之言矣。夫治天下之柄,齐民萌之度,甚未易处也。然所以废先王之教,

---

[1]《史记·商君列传》记载"商君既复入秦,走商邑,与其徒属发邑兵北出击郑"。有学者考证指出"郑"当为韩国,见晁福林:《商鞅史事考》,《中国史研究》1994年第3期,第131页。

[2] 顾广圻曰:"藏本、今本'明'上有'臣'字。"此外,迂评本、凌本亦有"臣"字。见〔战国〕韩非:《韩非子新校注》,陈奇猷校注,上海:上海古籍出版社,2000年,第956页。

而行贱臣之所取者，窃以为立法术，设度数，所以利民萌、便众庶之道也。故不惮乱主暗上之患祸，而必思以齐民萌之资利者，仁智之行也。惮乱主暗上之患祸，而避乎死亡之害，知明夫身而不见民萌之资利者[1]，贪鄙之为也。臣不忍向贪鄙之为，不敢伤仁智之行。先生[2]有幸臣之意，然有大伤臣之实。"[3]

在韩非看来，吴起、商鞅等人所选择的"立法术，设度数"之举，是"利民萌、便众庶之道"，是真正的"仁智之行"；而只顾个人安危的"全遂之道"则是可耻的"贪鄙之为"。可以说，在商鞅身上，集中体现了坚持公正、公平而勇于牺牲自我的伟大精神。商鞅变法是一场艰巨而持久的斗争，为了确保变法

---

[1] 顾广圻认为："当作'知明夫身而不见民萌之资利者'，乾道本'利'作'科'，讹。"当据顾说改。见〔战国〕韩非：《韩非子新校注》，陈奇猷校注，上海：上海古籍出版社，2000年，第957页。

[2] 俞樾曰："先王"，当作"先生"，即谓堂谿公也。见《韩非子新校注》，第957页。

[3] 〔清〕王先慎撰：《韩非子集解》卷17《问田》，钟哲点校，北京：中华书局，1998年，第396页。

第四章　商鞅之死

措施的持续贯彻，商鞅没有听从赵良的意见，依然勇敢地坚持同反对势力做斗争，置个人生死于不顾。俗语曰：狡兔三窟。但醉心于改革实践的商鞅"法令至行，公平无私，罚不讳强大，赏不私亲近"[1]，完全不给自己留退路，这无疑为他后来的人生悲剧埋下伏笔。商鞅的努力没有白费，在他生前，即已看到变法所带来的可喜成果，"秦人富强，天子致胙于孝公，诸侯毕贺"。[2]

第三节　与商鞅并起的诸子

自商鞅走上历史舞台之后，战国时代百家争鸣的局面渐次形成。"自商鞅、申不害，下及惠施、庄周、孟轲、宋钘、许行、陈仲，为先秦学术烂漫壮盛之期。时事之大者，为秦孝公变法，梁惠王、齐威王相王，遂及秦宋，而至五国相王。诸侯莫不

---

[1] 〔汉〕刘向集录：《战国策》，上海：上海古籍出版社，1998年，第75页。

[2] 〔汉〕司马迁撰：《史记·商君列传》，〔宋〕裴骃集解，〔唐〕司马贞索隐，〔唐〕张守节正义，北京：中华书局，1982年，第2231页。

称王,而周室为赘瘤。齐兴稷下,游仕奋起,盖战国之主要期也。"[1]

1. 法家的勃兴

同战国诸子相较,法家的思想言论最切近时代脉搏,因此他们常常受到当世君主的重用,其治国之道广为应用。大约与商鞅同时,法家呈现出勃兴的态势,出现了申不害和慎到两位代表人物。一般以为,战国前期法家中商鞅重法、申不害言术、慎到贵势,这其实只是韩非的一面之词。比慎到稍晚而同为稷下先生的荀子则认为慎到重法、申子贵势。如《荀子·解蔽篇》即云:"慎子蔽于法而不知贤","申子蔽于势而不知知"。《荀子·非十二子》还以"尚法而无法"批评慎子。由此可见,商鞅并非只言"法"、申不害不仅仅论"术"、慎到也不止重"势"而不及其余。"法""术""势"作为特定的学术话语在韩非之前并不是完全孤立的。因此,对前期法家代表人物的思想特点我们有必要仔细分析,不能囿于韩非一

---

[1] 钱穆:《先秦诸子系年·通表第三》,北京:商务印书馆,2001年,第623页。

第四章　商鞅之死

家之言。

在商鞅变法前后,申不害也在韩国推行改革。申不害(约前400—前337),郑国京人。韩昭侯八年任用他为相,"内修政孝,外应诸侯,十五年。终申子之身,国治兵强,无侵韩者"。[1]

《史记·老子韩非列传》载申子"著书两篇,号曰《申子》"。《汉书·艺文志》载《申子》六篇。《史记集解》引刘向《别录》云:"今民间所有上下二篇,中书六篇,皆合二篇,已备,过太史公所记。"可见,《申子》一书在汉代篇章有不同的分法。[2]

---

[1] 〔汉〕司马迁撰:《史记·老子韩非列传》,〔宋〕裴骃集解,〔唐〕司马贞索隐,〔唐〕张守节正义,北京:中华书局,1982年,第2146页。

[2] 《申子》一书《汉志》仅言六篇而未详其目,据《群书治要》知其中有《大体篇》,其余可考者有《君臣》和《三符》两篇。魏晋隋唐时期此书仅见载于史志,宋代《太平御览》《孔子集语》等书皆有引《申子》之文。南宋时逐渐散佚,元明以降,此书失传。清代辑佚《申子》有马国翰和严可均两家。马氏所辑之《申子》刊于《玉函山房辑佚书·子编法家类》,是目前所见较为详尽的作品,不足在于错字较多,且漏收唐代《群书治要》的引文;严氏所编《全上古三代秦汉三国六朝文》卷4也辑有《申子》佚文,可与马氏所辑互补,其缺点是将《群书治要》引文割裂开来。民国学者王时润所辑《申子佚文》一卷,作为《商君书斠诠》的附录之一,较以上各家最为详尽。详见张觉:《〈商君书〉、〈申子〉、〈慎子〉流传考略》,《中国图书馆学报》1991年第1期,第83页。

申不害之学"本于黄老,而主刑名",而尤重谈"术",主张君王"示天下无为",把术藏于胸中,以驾驭臣下。如《韩非子·定法篇》曰:"申不害言术,而公孙鞅为法。术者,因任而授官,循名而责实,操杀生之柄,课群臣之能者也,此人主之所执也。法者,宪令著于官府,刑罚必于民心,赏存乎慎法,而罚加乎奸令者也,此臣之所师也。"[1] 此段论法术之别,最为明白。要而言之:"则法者,所以治民;术者,所以治治民之人者也。"[2] 简单地说,法就是成文的国法,是官吏据以统治民众的条规;术就是手段,是人君驾驭臣民的权变,亦即所谓"君人南面之术"。

此外,申子还主张君主"无为"的政治思想,认为"镜设精无为,而美恶自备;衡设平无为,而轻重自得。凡因之道,身与公无事,无事而天下自极

---

[1] 〔清〕王先慎撰:《韩非子集解》卷17《定法》,钟哲点校,北京:中华书局,1998年,第397页。
[2] 吕思勉:《先秦学术概论》,北京:中国大百科全书出版社,1985年,第92页。

第四章 商鞅之死

也"。[1] 由此可见，申不害强调的是法外之无为，即不主张在规律外寻求任何尝试或改变。

商君相秦，申子相韩，虽同为执政，然秦、韩强弱不同，凭借各异，故二人之功业亦不可同日而语。商君言"法"，申子言"术"，政策虽异，但同为战国前期之法家。韩非虽为法家之集大成者，其学取申、商之长，但终未获执政之机，故其学说未得践行。

和商鞅、申子等主政改革派不同，慎到更致力于法家学说的深入思考，属于其中的理论派。慎到（约前350—前275），战国时赵人。早年学黄老道德之术，将道家学说向法家理论方向发展。齐宣王时慎到在稷下学宫讲学，并曾任上大夫。楚襄王为太子而质于齐，曾聘慎到为傅。齐闵王时期穷兵黩武，不听劝谏，于是稷下先生四散离齐，慎到也在此时离开至楚，后来又返回齐国。[2]

---

[1] 〔唐〕魏征等编撰：《群书治要》卷36引《申子·大体篇》佚文，曹光甫校点，台北：世界书局，2011年，第478页。
[2] 详见李学勤：《谈楚简〈慎子〉》，《中国文化》2007年第2期；李锐：《上博简〈慎子曰恭俭〉管窥》，《中国哲学史》2008年第4期。

《史记·孟子荀卿列传》记载,"慎到,赵人,学黄老道德之术"。《汉书·艺文志》法家类有《慎子》。韩非以为慎到贵势,慎到所说的"势"指政权、权位。他认为国君只有凭借权势,才能做到"令则行,禁则止","尧为匹夫,不能治三人;而桀为天子,能乱天下。吾以此知势位之足恃,而贤智之不足慕也"。[1] 慎到尊君,但并不主张君主专制独裁,他认为"立天子以为天下,非立天下以为天子也;立国君以为国,非立国以为君也"。[2]

事实上,"法"在慎到的思想中也占据很重要的地

---

[1] 〔清〕王先慎撰:《韩非子集解》卷17《难势》,钟哲点校,北京:中华书局,1998年,第388页。

[2] 《慎子·威德》。《慎子》书早佚,元明以降通行的版本有三种:其一为一卷五篇本,所存篇目有《威德》《因循》《民杂》《德立》《君人》五篇,与宋代残本同。其二为一卷七篇本,主要由清人据唐《群书类要》辑出《知忠》《君臣》二篇,并旧有者为七篇。其中严可均四录堂本未刊行,目前通行之七篇本为钱熙祚所校之守山阁丛书本。钱氏据唐宋类书补充明本之不足及讹误,又依各书所引辑成《慎子佚文》附于后,实为《慎子》之最佳校本。1935年世界书局编印诸子集成即取钱校本予以重刊。其三为内外篇本,明万历年间吴兴慎懋赏编辑校刊,此本乃慎氏据《慎子》残本及各书所引《慎子》之文编制而成,其间真伪混杂,可略备参考。见张觉:《〈商君书〉、〈申子〉、〈慎子〉流传考略》,《中国图书馆学报》1991年第1期,第84—85页。本文所引《慎子》主要参考钱熙祚校本。

第四章　商鞅之死

位。从今本《慎子》佚文来看，慎到强调"法"比"势"更多。[1] 如慎子有言："法虽不善，犹愈于无法。所以一人心也。"[2] "君人者，舍法而以身治，则诛赏予夺从君心出矣。""故曰大君任法而弗躬，则事断于法矣。"[3] "为人君者"，"无法之言，不听于耳。无法之劳，不图于功。无劳之亲，不任于官。官不私亲，法不遗爱。上下无事，唯法所在。"[4] "有道之国，法立则私议不行。君立则贤者不尊。民一于君，事断于法，是国之大道也。""故治国无其法则乱，守法而不变则衰，有法而行私，谓之不法。""法者，所以齐天下之动，至公大定之制也。"[5]

慎到所强调的"势"论在《商君书》中亦有体现，

---

[1] 如英国著名汉学家葛瑞汉就曾指出，"'法'在慎到的佚文中居于主导地位，且荀子（似乎不知道《慎子》）最初把'法'和慎到联系起来，并称申不害为'势'的倡导者"。见〔英〕葛瑞汉：《论道者：中国古代哲学论辩》，张海晏译，北京：中国社会科学出版社，2003年，第309页。
[2] 钱熙祚校：《慎子·威德》，北京：中华书局，1954年，第2页。
[3] 钱熙祚校：《慎子·君人》，北京：中华书局，1954年，第6页。
[4] 钱熙祚校：《慎子·君臣》，北京：中华书局，1954年，第6页。
[5] 钱熙祚校：《慎子·逸文》，北京：中华书局，1954年，第9—13页。

但二者究竟是前者影响了后者还是相反,还不宜妄下结论。只能说慎到更强调"势",但是未见得《商君书》的作者就意识不到"势"的重要性。

2. 异军突起的兵家

战国时期的兵家以吴起、孙膑、尉缭为代表。其中卫人吴起(前440—前381)擅长用兵,《韩非子·五蠹篇》云:"境内皆言兵,藏孙、吴之书者家有之。"[1]《史记·吴起列传》也记载他"好用兵",仕鲁、魏、楚均立下赫赫战功。吴起早于商鞅,他的事迹相信出生于卫国的商鞅定早有所闻。

齐人孙膑(前380—前320),乃兵家翘楚孙武之后代,约与商鞅、孟轲同时。公元前353年齐魏桂陵之战,孙膑采取著名的"围魏救赵"策略,商鞅此时已在秦国主持变法,作为当政者定然知晓此事。正是借助魏国战败的契机,商鞅建议秦孝公于次年进攻魏国,一举夺回河西地。孙膑著有《孙膑兵法》,即《齐孙子》,唐代以前散失。1972年山东临沂银

---

[1] 〔清〕王先慎撰:《韩非子集解》卷19《五蠹》,钟哲点校,北京:中华书局,1998年,第452页。

雀山汉墓出土的竹简本《孙膑兵法》仅保留其中的十五篇。

尉缭,一说《尉缭子》的作者是魏惠王时的隐士,曾与惠王谈论富国强兵之道;一说为大梁人尉缭,曾于始皇元年来秦游说,著有《尉缭子》一书。刘向《别录》云:"缭为商君学。"则无论尉缭为何时之人,他对商鞅的学说是钦慕的。关于尉缭我们将在后文继续讨论,兹不赘述。

概言之,战国兵家的三大代表人物,与商鞅皆有一定渊源关系。反言之,此亦表明商鞅本人受兵家思想影响很深,《商君书》中有关于军事方面的篇章亦属应然之事。

3. 墨子后学

墨子死后,墨家学派内部发生分化。《韩非子·显学篇》谓:"墨离为三。"《庄子·天下篇》则云:"倍谲不同,相谓别墨",然"俱诵墨经","以巨子为圣人"。战国时代各国相继变法,都在积极探寻治国良策,广泛搜罗各种人才,以图称霸天下。在这种形势下,有着丰富科学技术知识、精于辩术、善于谋划，并具有不畏艰险、勇于献身特点的墨家，便受到各国普遍的尊重和欢迎。于是墨家队伍也不断壮大，其鼎盛时，"显荣于天下者众矣，不可胜数"[1]，成为影响巨大的学派之一。墨者在秦也得到当权者的任用，并对秦国的政治产生影响。秦惠王时"腹䵍[2]为墨者巨子，居秦"，并受到秦王的尊重。腹䵍居秦时，执"墨者之法"自杀其子，而秦王不之罪。[3]由此可见其势力之一斑。除巨子腹䵍外，秦惠王尝亲秦之墨者唐姑果，当时东方之墨者谢子听闻秦国重墨，于是也打算西见惠王。唐姑果献谗言中伤谢子，导致谢子未能仕秦。[4]另外，见诸文献记载的尚有墨

---

[1]〔战国〕吕不韦：《吕氏春秋新校释》卷2《当染》，陈奇猷校释，上海：上海古籍出版社，2002年，第98页。

[2] 据钱穆考证，墨者巨子腹䵍生卒年为公元前385—前315，与商鞅同时。由于商鞅得到秦孝公的倚重和信任，故直到秦惠王时腹䵍才得以礼遇。虽然此时他已垂垂老矣，但墨者已然在秦国发展起来。

[3]〔战国〕吕不韦：《吕氏春秋新校释》卷1《去私》，陈奇猷校释，上海：上海古籍出版社，2002年，第56—57页。

[4]〔战国〕吕不韦：《吕氏春秋新校释》卷16《去宥》，陈奇猷校释，上海：上海古籍出版社，2002年，第1023页。按：唐姑果妒贤嫉能，已违背墨者尚贤举能之宗旨，但他本人的确是作为墨者的身份而见用于秦的。

者田鸠,他欲见秦惠王,留秦三年而弗得见。后至楚,楚王与之将军之节以如秦,因见惠王。[1]前文业已指出,墨家能在秦地兴盛,与其擅长攻守之术有关,然而更主要的是墨家学说中有可以直接为统治者采纳的因素。

墨子及其后学的思想及议题对商鞅影响很大,《商君书》中不时显露出来这一特色。对此,目前学界尚重视不够。这或许与论者多将《商君书》视为战国晚期秦商鞅后学所作有关,因为这种认识的一个着力点在于将全书的成书时间往后拖,即多从商鞅去世之后开始分析。于是论者多用孟子、荀卿、韩非等人的思想言论作为一个参照系来评判该书各篇的成书,这一做法事实上已经犯了先入为主的错误。

4. 大儒孟子

大约与商鞅同时,大儒孟子(前390—前305)也

---

[1] 〔战国〕吕不韦:《吕氏春秋新校释》卷14《首时》,陈奇猷校释,上海:上海古籍出版社,2002年,第773页。田鸠之未见秦惠王或许也与唐姑果有关,由于文献阙如,故不得其详。

活跃于齐、魏等国的庙堂之间。当时"诸侯放恣,处士横议","杨朱、墨翟之言盈天下。天下之言不归杨,则归墨"。[1]孟子以继承孔子学说为己任,强调"仁义"并主张实行"仁政",而其时的七大雄国——秦、楚、齐、燕、韩、赵、魏则只讲富国强兵。孟子曾云:"故善战者服上刑,连诸侯者次之,辟草莱、任土地者次之。"[2]这些言论很难令胸怀统一天下野心的雄主们满意,故孟子虽周游列国,但他的不见用也是必然的。太史公说他"则见以为迂远而阔于事情"[3],可谓正中其学说之要害。

孟子散游诸侯,他的踪迹遍布当时的齐、宋、邹、滕、鲁、魏等国,晚年曾在齐国担任卿相,但不久由于宣王未听其言而离齐归隐。孟子虽游历半生,

---

[1] 杨伯峻译注:《孟子译注》卷6《滕文公下》,北京:中华书局,1960年,第155页。

[2] 杨伯峻译注:《孟子译注》卷7《离娄上》,北京:中华书局,1960年,第175页。

[3] 〔汉〕司马迁撰:《史记·孟子荀卿列传》,〔宋〕裴骃集解,〔唐〕司马贞索隐,〔唐〕张守节正义,北京:中华书局,1982年,第2343页。

也曾有过"后车数十乘,从者数百人"[1]的浩大声威,但终其一生未曾遇到能将其政治理想付诸实践的圣王。孟子以人性、人心、道德等诠释一切社会现象,其理论始终停留于理论阐释、道德说教的层面,忽略了隐藏在现象背后起决定和支配作用的物质因素,因而未能上升到实践操作和制度建设层面,其学说也缺乏实施的基础。更重要的原因在于孟子思想与当时"天下方务于合纵连横,以攻伐为贤"的时势不相宜。因此,不待商鞅及其后学对之抨击,时君世主对空言仁义的儒家学说已经不感兴趣了。在战国政坛上大行其道的主要还是以严刑峻法著称的法家人物,而在当时真正能与法家争锋匹敌的则是墨家后学。故论者每每以《商君书》中反对所谓六虱、仁义等即断言这是针对孟子而发,看来是失之偏颇的。孟子本人未曾西至秦,他的学说影响主要还在中原地区。

综上所述,与秦国的商鞅变法同时,诸侯纷言变法,法家学说在各国相继付诸实施。韩有申不害

---

[1] 杨伯峻译注:《孟子译注》卷6《滕文公下》,北京:中华书局,1960年,第145页。

为相;齐用邹忌改革内政,起用孙膑、田忌。擅长攻守之术的兵家及墨者后学大受欢迎,在秦国也颇具声威。

第五章　商鞅思想传承考析

法家作为一种学术思想和政治理论，从来没有聚合成为一个派别，也没有形成像儒家那样的所谓"道统"。所谓"法家者流"的说法，始于西汉初年的司马谈，东汉班固将之发扬光大。但由于受到秦行法家之治二世而亡故事的影响，法家的理论不再显扬，更不可能再发展为一个学派。然而在战国及秦代，法家学说则是世所称道的显学，因此，商鞅的思想亦当传承有自。

商鞅相秦孝公，变法致富强，其政令言论，自为秦人所共闻见，所乐称道。秦国各级官府之长、吏对此自当谙熟于胸。况且商鞅势位既尊，相秦十余年之久，门客弟子自不少。故我们推断商鞅思想之传承当不乏其人，以下分门人弟子及其他两类述之。

第一节 门人、弟子等私徒属

商鞅之弟子门人等私徒属多未见之经传,但也有可考者,如尸佼、尉缭等,兹分别述之。

关于尸佼(前390—前330),论者据《汉书·艺文志》列其为杂家人物,故多趋向于认为他是商鞅的老师;其学兼有各家,故商鞅受其影响而闻见博杂。[1] 我们认为上述观点实际上只注意到尸佼对商鞅的影响这一面,而忽略了商鞅的个人喜好及其政治作为本身对尸佼境遇及思想所产生的反作用,因此对二人关系的认识失之公允,事实上后者在两人的关系中是居于主流的,兹浅析如下:

尸佼的生平在文献当中说法不一。班固《汉志》自注云:"名佼,鲁人。秦相商君师之。鞅死,佼逃入

---

[1] 持此说者大有人在,如祝瑞开对尸佼思想的论述,详见其撰《先秦社会和诸子思想新探》,福州:福建人民出版社,1981年,第138—141页;林剑鸣对商鞅思想的分析,详见《秦史稿》,上海:上海人民出版社,1981年,第177页;郑良树直接指出商鞅"习杂家(指尸佼)之言",详见《商鞅评传》,南京:南京大学出版社,1998年,第86—87页。

蜀。"[1]而史迁《孟子荀卿列传》则云:"楚有尸子、长卢。"《集解》引刘向《别录》又云:"楚有尸子,疑谓其在蜀。今按《尸子》书,晋人也,名佼,秦相卫鞅客也。卫鞅商君谋事画计,立法理民,未尝不与佼规之也。商君被刑,佼恐并诛,乃亡逃入蜀。自为造此二十篇书,凡六万余言,卒,因葬蜀。"《索隐》:"按,尸子名佼,音绞,晋人,事具《别录》。"[2]

综上可见,尸佼的籍贯有鲁、晋、楚三说,由于书缺有间,未详孰是。而尸佼的身份则有商鞅之师和商鞅之门客两种说法。按,这两说或许并不矛盾,因为随着商鞅仕途的迁转,尸佼很可能从先为商鞅之师而转变为其门客。商鞅在秦国崭露头角之后,邀请其师尸佼为上宾,也未尝不可能。尸佼作为宾客参与商鞅主政时秦国政令、法案的起草和策划,直到商鞅死后他才逃亡到蜀地。因此,尸佼与商鞅亦师亦友,这种关系贯串于商鞅变法的始终。如果说商鞅公务繁忙

---

[1]〔汉〕班固撰:《汉书·艺文志》杂家类《尸子》,〔唐〕颜师古注,北京:中华书局,1962年,第1741页。
[2]〔汉〕司马迁撰:《史记·孟子荀卿列传》,〔宋〕裴骃集解,〔唐〕司马贞索隐,〔唐〕张守节正义,北京:中华书局,1982年,第2349页。

而疏于著述，那么尸佼则是有大量时间著书立言的。

《汉书·艺文志》记载杂家有"《尸子》二十篇"[1]，三国时已亡一半，唐《群书治要》尚残存《尸子》佚文十三篇。今本乃清人汪继培辑佚而成，《尸子》佚文思想兼宗儒、墨、名、法、阴阳，但其中究竟保留多少先秦《尸子》原本的内容，尚难以辨析。因此，想要从今本《尸子》中找寻其与商鞅思想的关联仍有待可靠的文献考证。

尉缭，生卒年不详。尉缭的生平，《汉书·艺文志》杂家类有《尉缭子》，颜注曰："尉，姓；缭，名也。……刘向《别录》云：'缭为商君学。'"[2]《隋书·艺文志》以为尉缭是梁惠王时人，则与商鞅为同代。明人宋濂《诸子辨》曰："或曰魏人，以《天官篇》有'梁惠王问'知之；或曰齐人也，未知孰是。"[3]

《史记·秦始皇本纪》则记载，始皇十年（前

---

[1] 〔汉〕班固撰：《汉书·艺文志》杂家类《尸子》，〔唐〕颜师古注，北京：中华书局，1962年，第1741页。

[2] 〔汉〕班固撰：《汉书·艺文志》杂家类《尉缭子》，〔唐〕颜师古注，北京：中华书局，1962年，第1742页。

[3] 〔明〕宋濂：《诸子辨》，顾颉刚标点，北京：朴社，1926年，第27页。

250），"大梁人尉缭来说秦王"，此年上距商鞅被诛（即孝公二十四年）已过八十八年。则尉缭晚商鞅数十年。

目前多数学者倾向于认为尉缭是梁惠王时人之说更为可信。其一，今本《尉缭子》在陈述政见和兵法时，反复强调农战和"修号令""明刑赏""审法制"等思想，这些政见献给力挽败局、图谋中兴的梁惠王，则比较适宜；若献给经过变法、日渐强盛的秦始皇，则实为无的放矢。其二，今本《尉缭子》在引证历史人物和历史事件时起自黄帝而止于吴起，战国时代名将辈出，作者只引吴起一人，且次数最多，并对吴起治军的事迹记述最详。其三，《尉缭子》中屡屡严厉批评"世将"，正反映了战国早期士人向贵族争夺政权的时代背景。[1]

尉缭的著作在《汉书·艺文志》中两次出现，分别

---

[1] 分别见华陆综：《尉缭子注释·前言》，北京：中华书局，1979年；何法周：《关于尉缭子某些问题的商榷》，《文物》1978年第5期；郑良树：《论〈孙子〉的作成时代》，载《竹简帛书论文集》，北京：中华书局，1982年，第47—86页。也有论者以《尉缭子》主张用兵以仁义为本，"先礼信而后爵禄，先廉耻而后刑罚"，由此断言其成书于战国晚期。见张烈：《关于〈尉缭子〉的著录和成书》，《文史》第8辑，北京：中华书局，1980年。按：此说实拘泥于"尉缭为商君学"的窠臼，而《汉志》将《尉缭子》列为杂家本身就说明其思想杂采诸子，未见得主张与商鞅完全一致。而仁义学说也并非孟子才提出，墨子实最早将仁义并举。

是杂家类《尉缭》二十九篇和兵形势家《尉缭》三十一篇。目前传世《尉缭子》主要有唐《群书治要》本、宋《武经七书》本及银雀山汉墓所出竹简残本，从内容来看各本大同小异，主要谈的是兵法，其中关于兵教及兵法、兵令的论述可与《商君书》的《战法》《兵守》《立本》等篇互为发明，由此亦可见他和商鞅关系密切。

刘向去古未远，他说尉缭为商君学，加之传世本《尉缭子》多次记述尉缭与梁惠王的问对，我们以为尉缭是魏国人的可能性更大。因为商鞅早年曾仕于魏，魏惠王没有听信公叔痤"举国而听之（商鞅）"的临终遗言，致使商鞅奔赴秦国变法取得巨大成功，并成为魏国的政敌。因此，商鞅的学说在魏国应颇具影响力。

除此二人外，商鞅还有其他私徒属。《商君列传》赵良曾云："君之出也，后车十数，从者载甲，多力而骈胁者为骖乘，持矛而操闟戟者旁车而趋。"赵良又劝商鞅急流勇退，"归十五都，灌园于鄙"。到秦惠王即位后下令追捕商鞅时，他入魏遭拒，无奈之下，"走商邑，与其徒属发邑兵，北出击郑"。

以上记载表明商鞅所豢养之门客、私徒属为数不少，惜文献阙如，不得其名。这些私徒属的身份类似于家臣。他们入则参与议政划策，出则随行护卫，并且与商鞅出生入死。

要之，上述之门人、弟子或私徒属，他们与商鞅或为师，或为徒、为臣，关系最为密切，对商鞅思想也最为熟悉。作为商鞅思想的直接闻见者，在某种程度上，他们可以视为《商君书》中那些早期著作的"捉刀"者。

第二节　秦国之众官吏——兼论"以吏为师"之制

在中国古代，学术思想传承的主要方式是师传家法。或父传之子，或师传之弟，口授笔录，代代相传。与这种主流的学术传承方式相比，商鞅之学的"师承家法"在古代特别是战国时期则显得晦暗不明。前述商鞅门人、弟子或私徒属，大多名不见经传。见诸文献的"为商君学"者尉缭，是通过何种方式研习商鞅的思想，也无以为考。那么商鞅之学在其身后究竟是如何得以传承的呢？

战国时期诸侯争霸日炽，摆脱血缘宗族的士阶层异常活跃，如纵横游说之士散游各国，学术思想的传播已不限于父子、师徒之间。战国初年,鲁缪公、魏文侯皆以礼贤下士而闻名,列国卿相养士之风也随之大盛,如著名的战国四公子之徒。而最著名者当属齐国的稷下学宫,自齐威王草创至齐宣王时代达到全盛阶段,成为名噪一时的"学术中心",四方游士纷至沓来,"邹衍、淳于髡、田骈、接子、慎到、环渊之徒七十六人,皆赐列第为上大夫,不治而议论",[1]"各著书言治乱之事"[2]。稷下学宫汇集儒、墨、道、法、名、农、阴阳五行等各家学派代表,百家争鸣,诸子学说相互激荡交融,蔚为大观。除资政干禄和学术争鸣外,稷下学宫还兼具授徒讲学功能。

  商鞅在世主政秦国时,亦必有私徒属聚集在其周围,或草创政令,或出谋划策,互相切磋。但当商鞅以谋反之名遭车裂之后,商鞅本人身死族灭,其私徒属幸免者自当逃亡于诸侯之间。商鞅之法留于秦,而商鞅之学则可能随其私徒属而传播于各国,稷下学宫

---

[1]〔汉〕司马迁撰:《史记·田敬仲完世家》,〔宋〕裴骃集解,〔唐〕司马贞索隐,〔唐〕张守节正义,北京:中华书局,1982年,第1895页。
[2]〔汉〕司马迁撰:《史记·孟子荀卿列传》,〔宋〕裴骃集解,〔唐〕司马贞索隐,〔唐〕张守节正义,北京:中华书局,1982年,第2346页。

中自当不乏议论商君学说者。那么,保留于秦国本土的商鞅之学是否就湮没无闻了呢?探讨秦国的"以吏为师"之制或许有助于我们窥见其间的若干消息。

商鞅虽死,其法未败,而秦国素来有以吏为师的传统。秦孝公用商鞅之道,以刑法为教。孝公去世,惠文王即位之初,"秦妇人、婴儿皆言商君之法"。[1]在以愚民为国策的秦国,妇人、婴儿所能言之"法",只能理解为商鞅的法令,而不大可能是讨论商鞅思想的《商君书》。如果没有广泛的社会宣传教育,秦国的妇孺又何以知晓商君之法?舍"以吏为师"之制无他!

战国末年的韩非也主张教导民众应"以法为教""以吏为师"。《韩非子·五蠹篇》云:"今修文学,习言谈,则无耕之劳而有富之实,无战之危而有贵之尊,则人孰不为也?是以百人事智而一人用力。事智者众则法败,用力者寡则国贫,此世之所以乱也。故明主之国,无书简之文,以法为教;无先王之语,以

---

[1] 〔汉〕刘向集录:《战国策·秦策一》,上海:上海古籍出版社,1998年,第77页。

吏为师。"[1] 韩非之说应非原创，当是受了商鞅的影响。因为在成书偏晚的《商君书·定分篇》[2]中，也明确提出"为法令置官也置吏"，"置主法之吏，以为天下师"，这样"使万民皆知所避就，避祸就福，而皆以自治也"。[3] 同样的主张出现在关系密切的两本书中，恐怕不仅仅是巧合。

将"以吏为师"之制发挥到极致则是在秦始皇统一天下之后，丞相李斯有鉴于"私学乃相与非法教之制，闻令下，即各以其私学议之，入则心非，出则巷议，非主以为名，异趣以为高，率群下以造谤。如此不禁，则主势降乎上，党与成乎下"，故"请诸有文学《诗》《书》百家语者，蠲除去之。令到满三十日弗去，黥为城旦。所不去者，医药、卜筮、种树之书。若有欲学者，以吏为师"。[4] 显然，这里的"以吏为师"所

---

[1] 〔清〕王先慎撰：《韩非子集解》卷19《五蠹》，钟哲点校，北京：中华书局，1998年，第452页。

[2] 关于《定分篇》的成书，参看拙著：《出土文献与〈商君书〉综合研究》上编第4章第7节的讨论，新北：台湾花木兰文化出版社，2013年，第216—223页。

[3] 蒋礼鸿撰：《商君书锥指》，北京：中华书局，1986年，第146页。

[4] 见〔汉〕司马迁撰：《史记·李斯列传》，〔宋〕裴骃集解，〔唐〕司马贞索隐，〔唐〕张守节正义，北京：中华书局，1982年，第2546页。

第五章 商鞅思想传承考析

教之内容已经扩大到医药、卜筮、种树之学,不限于法令。其目的在于蠲除私学《诗》《书》百家语,而医药、卜筮之学自当在吏本身所学范围之内,否则何以教民?

出土的简牍材料证实,秦国的官吏有教民法令的职责,秦国的学僮进用为吏也有严格的身份限制和考核选拔。如睡虎地秦简《编年记》记载,墓主人令史喜在秦国担任小吏,同墓出土有《语书》和《秦律十八种》《秦律杂抄》《法律答问》《封诊式》等内容,从中可以看出喜负有教民及学僮学习法律的责任。又如《秦律十八种》之《内史杂》曰:"令赦史毋从事官府。非史子也,毋敢学学室,犯令者有罪。"[1] 律文明确规定,只有"史之子"才有资格在学室学习,其余人等违反

按,此段文字还见于《史记·秦始皇本纪》,其文曰:"若欲有学法令,以吏为师。"《集解》引徐广曰:"一无法令二字。"由此可见,"法令"二字在有的《史记》版本中是没有的。这样理解其实更符合古代"学在官府"和法家一贯主张的"听吏从教"的宗旨。日本学者泷川资言已注意到《秦始皇本纪》和《李斯列传》记载的差别,还指出《通鉴·秦纪》作"若有欲学法令者"。见:〔汉〕司马迁撰:《史记会注考证附校补》卷6,〔日〕泷川资言考证,〔日〕水泽利忠校补,上海:上海古籍出版社,1986年,第167页。

[1] 睡虎地秦墓竹简整理小组编:《睡虎地秦墓竹简》,北京:文物出版社,1978年,第106—107页。

者一概视为犯罪。这里的学室，应是一种学校。古时以文书为职务的史每每世代相传，要从小受读写文字的教育。许慎《〈说文解字〉叙》引汉《尉律》云："学僮十七以上始试，讽籀书九千字，乃得为吏。"按，《尉律》为汉廷尉所守之律，该律规定学僮年十七以上才可参加选拔为吏的考试。而云梦睡虎地秦简中墓主喜的相关经历也足以证明汉代《尉律》实源自秦律，许慎之说不妄。如《编年记》云："今元年，喜傅"；三年"八月，喜揄史"。[1] 即始皇元年喜年十七，三年八月即十九岁被进用为从事文书的小吏——史。

《商君书·定分篇》也明确记载："主法令之吏有迁徙物故，辄使学读法令所谓，为之程式，使日数而知法令之所谓。不中程，为法令以罪之。"[2] 即是说主管法令的官吏若迁转或死亡，就马上安排接替者学习、诵读法令所说之条文，并为他做出规定，使其在规定的时日内通晓法令条文，如不符合规定，将制定相应的法令治罪。

---

[1] 睡虎地秦墓竹简整理小组编：《睡虎地秦墓竹简》，北京：文物出版社，1978年，第6页。
[2] 蒋礼鸿撰：《商君书锥指》，北京：中华书局，1986年，第140—141页。

第五章　商鞅思想传承考析

综上所述，作为史之子的学僮首先要在学室接受识字教育，年十七之后进用为吏必须通过考试方可，其基本条件是必须诵读籀文九千字。作为后备力量，从小吏成长为主法令之官吏，还须熟悉精通法令条文，并再次接受考核。此外，医药、卜筮、种树之学亦在吏的学习范围之内。

有学者质疑秦国本土能产生"商学派"，认为秦国的教育政策仅足以训练足够数量的法律工作人员，而很难发展出对法律政策作理论探讨的学者群。由秦简《内史杂》"非史子也，毋敢学学室"[1]的规定可知，秦国的教育世袭仅局限于中层或以上的官吏，平民及下级官员的子弟都没有受教育的机会。再从同墓出土的其他简文内容来看，秦国的中下层官吏得到的教育是专业而技术性的法律条文。现存秦律中，完全没有像《商君书》一样，有法律原则及政策的探讨。另外，从秦国极少输出游士的事实看来，秦国的政治、思想和外交人才都比较枯竭，不得不向外搜求。因此秦国恐

---

[1] 睡虎地秦墓竹简整理小组编：《睡虎地秦墓竹简》，北京：文物出版社，1978年，第106—107页。

怕很难存在商鞅学派。[1]

其实上述顾虑完全是多余的,《史记·李斯列传》记载赵高与李斯密谋篡改始皇遗诏时曾云,"高固内官之厮役也,幸得以刀笔[2]之文进入秦宫,管事二十余年","高受诏教习胡亥,使学以法事数年矣,未尝见过失"。[3]赵高之言难免有自夸之嫌,但他由于精通文书律令而被选入宫中,作为王子胡亥的师傅教习法律政令。由此可知,法律政令也是太子学习的内容,并非仅限于中下层官吏。可想而知,秦国的上层官员和贵族子弟也应接受类似的教育。教导目不识丁的民众学习法令,只要教会他们明白法令赏罚的标准即可。而要教育有一定文化素养的官吏或贵族子弟乃至太子学习法令,恐怕不能仅仅局限于此,作为秦政和秦律

---

[1] 冯树勋:《从商君书辑定年代看古籍整理的几项要素》,《书目季刊》2004年第38卷第3期,第73页。

[2] 《史记·张丞相列传》张守节《正义》曰:"古用简牍,书有错谬,以刀削之,故号曰'刀笔吏'。"见〔汉〕司马迁撰:《史记·张丞相列传》,〔宋〕裴骃集解,〔唐〕司马贞索隐,〔唐〕张守节正义,北京:中华书局,1982年,第2678页。

[3] 〔汉〕司马迁撰:《史记·田敬仲完世家》,〔宋〕裴骃集解,〔唐〕司马贞索隐,〔唐〕张守节正义,北京:中华书局,1982年,第2549—2550页。

第五章　商鞅思想传承考析

指导思想的商鞅学说也应在其中。

总之,"以吏为师"之制,迅速养成了一批能够贯彻秦政、法律令的官吏阶层,是秦保持国富兵强的重要条件,也是商鞅的学说和思想得以传承的重要力量。他们有执行国家政策、政令的义务,也有学习和继承商鞅思想的责任。儒家学派的弟子是"学而优则仕",他们大多是普通的士。而商鞅学派的弟子们则主要是政府部门的各级官吏。商鞅之后在秦国政治舞台上活跃的主政者,他们大多数也可被视为商鞅思想的传人。因此,从这个意义上说,商鞅的影响要远远大于诸子。典型者如李斯,他本与韩非跟随荀卿学习儒学,但入秦后,却摇身一变,服膺商君学说,俨然一法家"巨子"。

结语　商鞅再评价

太史公在《史记·商君列传》文末论赞曰:"商君,其天资刻薄人也。迹其欲干孝公以帝王术,挟持浮说,非其质矣。且所因由嬖臣,及得用,刑公子虔,欺魏将卬,不师赵良之言,亦足发明商君之少恩矣。余尝读商君《开塞》《耕战》书,与其人行事相类。卒受恶名于秦,有以也夫!"[1]细考商鞅的生平,我们认为太史公所言未免对商鞅求之过甚。

首先,"干孝公以帝王术,挟持浮说","所因由嬖臣"。战国时期纵横游说之风盛行,儒家代表人物如七十子后学、孟子、荀子等皆以游说诸侯为务,而游说是要讲究技巧的。孟子即时常顺应时君世主的喜

---

[1] 〔汉〕司马迁撰:《史记·商君列传》,〔宋〕裴骃集解,〔唐〕司马贞索隐,〔唐〕张守节正义,北京:中华书局,1982年,第2237页。

结语 商鞅再评价

好来劝谏,如为了鼓动齐宣王推行仁政、王道,孟子在游说时曾多次根据宣王好战、好乐和好勇等特点来做比喻,"王好战,请以战喻",[1]孟子将霸道比喻为"率兽而食人",[2]提出"与百姓同乐,则王矣""一怒而安天下之民"的"大勇"[3]等主张。《韩非子·说难篇》曾经专门论述游说的艰难,"凡说之难:非吾知之有以说之之难也;又非吾辩之能明吾意之难也;又非吾敢横失而能尽之难也。凡说之难:在知所说之心,可以吾说当之"。[4]这段话指出游说的困难不仅在于分析各种情况提出合理的建议,更在于揣摩君主的心理,使进言不触犯君主之忌讳。商鞅的游说显然采取了投石问路的策略,他自幼好刑名之学,但初入秦国,对孝公并不了解,故先以流行的帝道、王道来试探。待探明孝公的真正意图后,方才详述强国之霸道,最终君臣

---

[1] 杨伯峻译注:《孟子译注》卷1《梁惠王上》,北京:中华书局,1960年,第5页。

[2] 杨伯峻译注:《孟子译注》卷1《梁惠王上》,北京:中华书局,1960年,第9页。

[3] 杨伯峻译注:《孟子译注》卷2《梁惠王下》,北京:中华书局,1960年,第27、31页。

[4] 〔清〕王先慎撰:《韩非子集解》卷4《说难》,钟哲点校,北京:中华书局,1998年,第85—86页。

相谈甚欢。事后景监曾与商鞅讨论过其中的缘由,商鞅回答说:"吾说君以帝王之道比三代,而君曰:'久远,吾不能待。且贤君者,各及其身显名天下,安能邑邑待数十百年以成帝王乎?'故吾以强国之术说君,君大说之耳。然亦难以比德于殷周矣。"从商鞅的回答中可以看出,在商鞅本人的心目中"强国之术"显然远逊于"帝王之道"。

商鞅在秦国变法取得巨大成功时,名士赵良求见,商鞅回顾与赵良的交往,"鞅之得见也,从孟兰皋。今鞅请得交,可乎?"从赵良的言谈可知他是一位推崇儒家学说的名士,商鞅一直渴望和他结交,早年曾经通过孟兰皋得见赵良,位极人臣时依然不改初衷。尽管后来商鞅没有听从赵良的建议,但由此可见,商鞅本人并非太史公所说的"天资刻薄人也"。

而所谓"所因由嬖臣",系指商鞅得以游说秦孝公,主要得益于结交孝公身边的宠臣景监。商鞅作为一个初来乍到的游士,在秦国无亲无故,他在魏国也尚未建功立业名扬诸侯,要想面见秦王若无人引荐谈何容易?其实不独商鞅如此,魏人范雎得见秦昭王也是通过昭王身边的谒者王稽,[1]后来又通过远交近攻的战略在秦国屡建奇功,才被封为应侯。而被儒家尊奉为圣人的孔子在卫国时亦曾通过嬖臣弥子瑕得见南子。如《盐铁论·论儒篇》曰:"孔子适卫,因嬖臣弥子瑕以见卫夫人。"[2]这里的卫夫人即卫灵公夫人南子,由于南子名声不好,故孔子见南子还曾引起弟子子路的微词,孔子为此还曾与他发誓。此事还见于《淮南子·泰族训》:"孔子欲行王道,东西南北七十说而无所偶,故因卫夫人、弥子瑕而欲通其道。"[3]《吕氏春秋·贵因篇》亦曾记载此事,"孔子道弥子瑕见釐夫人,因也"。[4]尽管各书记载略有差异,但孔子通过嬖臣弥子瑕而见卫夫人应是确实之事,尽管后世儒者本着为圣人讳的原则对此百般回护,认为孔子此举乃出于诎身行道,史迁作《孔子世家》对这一经历更是只字不提。应侯

---

[1] 〔汉〕桓宽:《盐铁论·大论第五十九》(诸子集成本),北京:中华书局,1954年,第61页。

[2] 〔汉〕桓宽:《盐铁论·论儒第十一》(诸子集成本),北京:中华书局,1954年,第13页。

[3] 何宁撰:《淮南子集释》,北京:中华书局,1998年,第1409页。

[4] 〔战国〕吕不韦:《吕氏春秋新校释》卷15《贵因》,陈奇猷校释,上海:上海古籍出版社,2002年,第935页。

范雎因王稽而得觐见并未遭到后人鄙薄,司马迁甚至还称赞他是"贤者",若非遭遇困厄境遇,不可能奋发有为成为一代辩士。两相对比,足见太史公对商鞅的态度不可谓不苛刻!

其次,"欺魏将卬"。进入战国时代,西周春秋以来的车战逐渐淡出历史舞台,步兵已经成为军队的主力。在车战时代的"不鼓不成列""不伤二毛"等仁义概念连春秋时人都不愿坚守,更遑论受"争于气力""诈谋见用"时代风气浸染的战国中人。成书于春秋末年的《孙子兵法》[1]一书有所谓"兵者,诡道也""兵不厌诈""攻其不备,出其不意"之语,足见时风之一斑。商鞅不但是治国之能臣,对兵法也颇为熟稔。他向秦孝公建议发动对魏国的战争也是蓄谋已久、志在必得之事,因此他采取欺诈的方式在聚会时埋伏甲士"袭虏魏将公子卬",不过是"擒贼先擒王"的战术策略。这种策略更为战国兵家所津津乐道,不必过于苛责。然而,从道德的角度来看,欺瞒旧交之举显示出商鞅性格中强烈的功利性,而交友不信是深为时人所不齿

---

[1] 何炳棣:《中国现存最古的私家著述〈孙子兵法〉》,《历史研究》1999年第5期。

的行为。商鞅也因此而付出了生命的代价。正如《论衡·祸虚篇》所言,"商鞅欺旧交,擒魏公子卬,后受诛死之祸"。[1]而《吕氏春秋·无义篇》亦援引商鞅的"无义"行为作为"士自行不可不审也"[2]的前车之鉴。平心而论,太史公的批评从道德的角度讲是无可厚非的,但从事功的角度而言则应另当别论。

再则,"刑公子虔","不师赵良之言"。自商鞅主政以来,"日绳秦之贵公子","一日临渭而论囚七百余人,渭水尽赤,号哭之声动于天地"。[3]商鞅与秦之贵公子素无怨仇,之所以如此,乃是为了确立法的威信,加强孝公的权力。其实,商鞅本人对此应有清醒的认识。在他之前,就有吴起因变法而遭肢解这一前车之鉴。从他踏上"刑名法术"之路起,就注定要面临严峻的考验。他也早有思想准备,商鞅每次外出,

---

[1] 〔汉〕王充:《论衡》(诸子集成本),北京:中华书局,1954年,第59页。

[2] 〔战国〕吕不韦:《吕氏春秋新校释》卷22《无义》,陈奇猷校释,上海:上海古籍出版社,2002年,第1501页。

[3] 《史记·商君列传》集解引《新序》,见〔汉〕司马迁撰:《史记》,〔宋〕裴骃集解,〔唐〕司马贞索隐,〔唐〕张守节正义,北京:中华书局,1982年,第2238页。

都要"后车十数,从车载甲,多力而骈胁者为骖乘,持矛而操闟戟者旁车而趋"。经过严密护卫,方才出行。为了其政治理想,商鞅执着地践行变法措施。他不避灾祸,屡次结怨于权贵,结果招来杀身之祸。对此,秦昭王时应侯范雎的评价似乎更为客观:"夫公孙鞅事孝公,极身毋二,尽公不还私,信赏罚以致治,竭智能,示情素,蒙怨咎,欺旧交,虏魏公子卬,卒为秦禽将,破敌军,攘地千里。"[1]商鞅为秦国的富强可谓穷尽所能,毫无私心。

商鞅是我国古史上首位获得巨大成功的改革家,是一位为改革而献出热血与生命的斗士。与同为卫人的吴起相比,商鞅幸运地遇到了坚决支持他的秦孝公,但不幸的是,他和吴起一样结局悲惨,于秦孝公身后遭到政敌的诬陷与杀戮。商鞅被处以车裂极刑的时候,也许正预示着古代改革家悲壮命运的开始。中国古代真正的改革家,常常是坚持公平与正义的斗士,在个人利益与国家命运、社会前途两难选择的时候,总是大公无私地选择前者,而置后者于不顾。正如林则徐

---

[1] 〔汉〕刘向集录:《战国策·秦策三》,上海:上海古籍出版社,1998年,第212页。

所说:"苟利国家生死以,岂因祸福避趋之。"商鞅虽推行了战国时期最成功的变法运动,但却落得惨遭车裂的下场。这对于商鞅个人来说,当然是十分不幸的;然而对于秦国的发展来说,商鞅苦心经营的变法成果却又是泽被后世的,其身虽死,其法未败,乃至"秦妇人、婴儿皆言商君之法"[1]。

---

[1] 〔汉〕刘向集录:《战国策·秦策一》,上海:上海古籍出版社,1998年,第77页。

附录　商鞅大事年表

时间	事件	备注
前365年—前362年	事魏相公叔痤为中庶子	《商君列传》
前363年（献公二十三年）	与魏战于少梁，虏其太子、公孙痤。	《秦本纪》
前362年（献公二十四年）	献公卒，子孝公立，年已二十一岁矣。	《秦本纪》
前361年（孝公元年）	卫鞅闻是令下，西入秦，因景监求见孝公。[1]	《秦本纪》
前360年（孝公二年）	天子致胙。	《秦本纪》
前359年（孝公三年）	说孝公，与甘龙、杜挚辩论，"卒用鞅法"。	《秦本纪》
前358年（孝公四年）	"秦败韩师于西山"。	《资治通鉴·周纪二》

---

[1]《史记·卫康叔世家》记载："成侯十一年，卫公孙鞅入秦。"见〔汉〕司马迁撰：《史记》，〔宋〕裴骃集解，〔唐〕司马贞索隐，〔唐〕张守节正义，北京：中华书局，1982年，第1604页。

附录　商鞅大事年表

续表

时间	事件	备注
前357年 （孝公五年）	魏自安邑迁都大梁。	
前356年 （孝公六年）	任左庶长，第一次变法。"令民为什伍，而相收司连坐。不告奸者腰斩，告奸者与斩敌首同赏。匿奸者与降敌同罚。民有二男以上不分异者倍其赋。有军功者各以率受上爵，为私斗者各以轻重被刑。大小僇力，本业耕织，致粟帛多者复其身。事末利及怠而贫者举以为收孥。宗室非有军功，论不得为属籍。"	《商君列传》
前355年 （孝公七年）	与魏惠王会杜平。	《秦本纪》
前354年 （孝公八年）	与魏战元里，有功。	《秦本纪》
前353年 （孝公九年）	齐魏桂陵之战。	
前352年 （孝公十年）	卫鞅为大良造[2]，将兵围魏安邑，降之。	《秦本纪》
前351年 （孝公十一年）	城商塞，卫鞅围固阳，降之。	《六国年表》

---

[2] 出土的商鞅兵器铭文中则多见"大良造庶长鞅"，关于大良造庶长是"爵称+官职""官职+爵称"，抑或新爵名，学界争议颇大，其确切含义仍待进一步探讨。

改革家商鞅

续表

时间	事件	备注
前350年 （孝公十二年）	推行第二次变法，"作为咸阳，筑冀阙，秦徙都之。并诸小乡聚，集为大县，县一令，四十一县。为田开阡陌。东地渡洛"。	《秦本纪》
前349年 （孝公十三年）	初为县，有秩史。	《六国年表》
前348年 （孝公十四年）	初为赋。	《秦本纪》
前347年 （孝公十五年）		
前346年 （孝公十六年）		
前345年 （孝公十七年）		
前344年 （孝公十八年）	向秦境内颁行标准量器[3]；周显王二十五年，秦孝公派商鞅到魏国去尊魏君为王，于是魏惠王"乘夏车，称夏王王"。	商鞅方升铭文《战国策·秦策四》

---

[3] 传世实物有商鞅方升，又名商鞅量，其铭文曰："十八年，齐率卿大夫（合文）来聘。冬十二月乙酉，大良造鞅爰积十六尊（寸）五分尊（寸）壹为升。重泉。"（见马承源：《商鞅方升和战国量制》，《文物》1972年第6期，第17页。）盖即秦孝公十八年，商鞅于秦国颁行标准量器一事。这是商鞅变法中关于统一度量衡的一项重要举措，也是变法的重要年代。这一量器在秦始皇二十六年又下诏书颁行全国，说明商鞅变法的举措是为秦国相沿未替的。

附录　商鞅大事年表

续表

时间	事件	备注
前343年（孝公十九年）	城武城。从东方牡丘来归。天子致伯。	《六国年表》
前342年（孝公二十年）	诸侯毕贺。秦使公子少官率师，会诸侯逢泽，朝天子。	《秦本纪》
前341年（孝公二十一年）	九月，秦卫鞅伐我（魏）西鄙……王（魏梁惠王）攻卫鞅，我（魏）师败绩。	古本《竹书纪年·魏纪》[4]
前340年（孝公二十二年）	卫鞅击魏，虏魏公子卬。封鞅为列侯，号商君。	《六国年表》
前339年（孝公二十三年）	（孝公）"疾且不起，欲传商君，辞不受"。	《战国策·秦策一》

---

[4] 见〔汉〕司马迁撰：《史记·魏世家》，〔宋〕裴骃集解，〔唐〕司马贞索隐，〔唐〕张守节正义，北京：中华书局，1982年，第1847页。《秦本纪》《魏世家》《商君列传》《六国年表》均谓商鞅虏魏公子卬之役在马陵之战次年。专家结合《史记》和《竹书纪年》的相关记载已考证指出，马陵之战当在魏惠王二十七年（前343）末开始，魏惠王二十八年结束。见晁福林：《商鞅史事考》，《中国史研究》1994年第3期，第123—124页。故这里我们以古本《竹书纪年》的记载为准，认为商鞅击魏及虏魏公子卬一事应在前341年（秦孝公二十一年）。

改革家商鞅

续表

时间	事件	备注
前338年（孝公二十四年）	秦惠王立，"公孙鞅以其私属与母归魏，襄疵不受，曰：'君之反公子卬也，吾无道知君。'""公子虔之徒告商君欲反，发吏捕商君。"商君逃亡至关，因无"验"被拒。商君既复入秦，走商邑，与其徒属发邑兵，北出击郑，秦发兵攻商君，杀之于郑渑池。秦惠王车裂商君以徇，曰："莫如商鞅反者！"遂灭商君之家。	《吕氏春秋·无义篇》《商君列传》

参考文献

(一)基本典籍与出土材料

1.《商君书》常见版本及相关书目

[1]〔清〕孙星衍、孙冯翼校:《商君书校》,问经堂丛书本。

[2]〔清〕严万里:《商君书新校正》(诸子集成本),中华书局据世界书局原版重印,1996年2月第9次印刷。

[3] 范钦本,即四部丛刊本。

[4]〔清〕孙诒让:《札迻》,北京:中华书局,1989年1月第1版。

[5]〔清〕孙诒让:《商子境内篇校释》,见孙诒让遗书《籀顾遗著辑存》,济南:齐鲁书社,1987年5月第1版。

[6]〔清〕俞樾:《诸子平议》(下),上海:上海书店,1988年5月版。

[7] 陈启天:《商君书校释》,上海:商务印书馆,1935年版。

[8] 朱师辙:《商君书解诂定本》,北京:北京古籍出版社,1956年据1948年广州排印本增补重印。

[9] 蒋礼鸿:《商君书锥指》,北京:中华书局,2001年8月版。

[10] 蒋礼鸿:《经微室〈商子〉校本跋》,载《蒋礼鸿集》第4卷,杭州:浙江教育出版社,2001年8月第1版。

[11] 高亨:《商君书注译》,北京:中华书局,1974年12月第1版。

[12] 简书:《商君书笺正》,台北:广文书局,1975年4月第1版。

[13] 张觉:《商君书全译》,贵阳:贵州人民出版社,1993年10月第1版。

［14］ 张觉:《商君书校注》,长沙:岳麓书社,2006年5月第1版。

［15］ 王时润:《商君书斠诠》,台中:文听阁图书有限公司,2010年版。

2. 基本典籍与出土材料

［1］ 〔汉〕司马迁:《史记》,北京:中华书局,1959年9月第1版。

［2］ 〔汉〕司马迁撰,〔日〕泷川资言考证,〔日〕水泽利忠校补:《史记会注考证附校补》,上海:上海古籍出版社,1986年版。

［3］ 〔汉〕刘向集录:《战国策》,上海:上海古籍出版社,1985年版(姚宏本,即士礼居丛书本)。

［4］ 〔汉〕班固:《汉书》,北京:中华书局,1962年6月版。

［5］ 〔清〕阮元校刻:《十三经注疏》,北京:中华书局,1980年9月影印本。

［6］ 国学整理社编辑:"诸子集成"(全八册),北京:中华书局,1996年版。

［7］ 黄晖撰:《论衡校释》(全四册),北京:中华书局,

1990年2月第1版。

［8］ 马王堆汉墓帛书整理小组:《战国纵横家书》,北京:文物出版社,1976年版。

［9］ 睡虎地秦墓竹简整理小组:《睡虎地秦墓竹简》,北京:文物出版社,1978年版。

［10］ 湖北省文物研究所等:《云梦龙岗6号秦墓及出土简牍》,《考古学集刊》第8期。

［11］ 四川省博物馆、青川县文化馆:《青川县出土秦更修田律木牍——四川青川县战国墓发掘简报》,《文物》1982年第1期。

［12］ 银雀山汉墓竹简整理小组:《银雀山竹书〈守法〉〈守令〉等十三篇》,《文物》1985年第4期。

［13］ 银雀山汉墓竹简整理小组:《银雀山汉墓竹简》,北京:文物出版社,1985年版。

［14］ 银雀山汉墓竹简整理小组:《孙子兵法》《孙膑兵法》,北京:文物出版社,1975年版。

［15］ 湖南省考古文物研究所:《湖南龙山里耶战国——秦代古城一号井发掘简报》,《文物》2003年第1期。

(二)专著

[1] 〔清〕永瑢等:《四库全书简明目录》,上海:上海古籍出版社,1985年新1版。

[2] 陈启天:《商鞅评传》,上海:商务印书馆,1935年;1967年台北商务印书馆再版。

[3] 郑良树:《商鞅及其学派》,上海:上海古籍出版社,1989年6月第1版。

[4] 郑良树:《商鞅评传》,南京:南京大学出版社,1998年12月第1版。

[5] 李存山:《商鞅评传——为秦开帝业的改革家》,南宁:广西教育出版社,1997年版。

[6] 李杰群:《商君书虚词研究》,北京:中国文史出版社,2000年6月第1版。

[7] 刘咸炘:《子疏》,成都:尚友书塾,1924年刻、1927年修版。

[8] 刘汝霖:《周秦诸子考》,北京:北平文化学社,1929年版。

[9] 吕思勉:《经子解题》,上海:华东师范大学出版

社，1996年版。

[10] 杨树达:《积微居读书记》，北京：中华书局，1962年9月第1版。

[11] 刘如瑛:《诸子笺校商补》，济南：山东教育出版社，1995年9月第1版。

[12] 钱穆:《先秦诸子系年》，北京：商务印书馆，2001年8月第1版。

[13] 郭沫若:《十批判书》，北京：东方出版社，1996年3月第1版。

[14] 杨宽:《商鞅变法》，上海：上海人民出版社，1955年9月第1版。

[15] 杨宽:《战国史》，上海：上海人民出版社，2003年4月第1版。

[16] 杨宽:《战国史料编年辑证》，上海：上海人民出版社，2001年11月第1版。

[17] 李学勤:《东周与秦代文明》,北京：文物出版社，1991年11月增订版。

[18] 张金光:《秦制研究》，上海：上海古籍出版社，2004年12月第1版。

[19] 朱绍侯:《军功爵制试探》，上海：上海人民出

版社,1980年版。

[20] 朱绍侯:《军功爵制研究》,上海:上海人民出版社,1990年版。

[21] 朱绍侯:《军功爵制考论》,北京:商务印书馆,2008年版。

[22] 高敏:《云梦秦简初探》(增订本),郑州:河南人民出版社,1981年7月第2版。

[23] 晁福林:《夏商西周的社会变迁》,北京:北京师范大学出版社,1996年6月第1版。

[24] 晁福林:《先秦社会形态研究》,北京:北京师范大学出版社,2003年3月第1版。

[25] 晁福林:《春秋战国的社会变迁》(上下册),北京:商务印书馆,2011年9月第1版。

[26] 李零:《李零自选集》,桂林:广西师范大学出版社,1998年2月第1版。

[27] 蒋重跃:《韩非子的政治思想》,北京:北京师范大学出版社,2000年11月第1版。

（三）论文

（以发表时间先后排序）

［1］ 陶鸿庆:《读诸子札记》,《制言》1936年第26期。

［2］ 容肇祖:《〈商君书〉考证》,《燕京学报》1937年第21期。

［3］ 齐思和:《商鞅变法考》,《燕京学报》第33期,另收入齐著《中国史探研》一书,北京:中华书局,1981年4月第1版。

［4］ 詹剑峰:《〈商君书〉辨伪》,《争鸣》1982年第3期。

［5］ 杨宽:《战国秦汉的监察和视察地方制度》,《社会科学战线》1982年第2期。

［6］ 杨宽:《云梦秦简所反映的土地制度和农业政策》,《上海博物馆集刊》1982年（建馆三十周年特辑）,上海:上海古籍出版社,1983年7月第1版。

［7］ 刘泽华:《先秦法家立法原则初探》,《天津社会科学》1983年第1期。

［8］ 刘泽华:《论〈商君书〉的耕战与法治思想》,《山

东师范大学学报》1983年第4期。

[9] 杜正胜:《从爵制论商鞅变法所形成的社会》,《中央研究院历史语言研究所集刊》第56本第3分,台北:中央研究院历史语言研究所,1985年9月版。

[10] 胡大贵:《庶长考》,《四川师范大学学报》1990年第4期。

[11] 车新亭:《试说卫鞅"强国之法"中的爵制》,北京师范大学1990年硕士学位论文,北京师范大学图书馆京师文库藏。

[12] 郭子直:《战国秦封宗邑瓦书铭文新释》,《古文字研究》第14辑。

[13] 张觉:《〈商君书〉、〈申子〉、〈慎子〉流传考略》,《中国图书馆学报》1991年第1期。

[14] 徐勇:《〈商君书·徕民篇〉的成书时代和作者蠡测》,《松辽学刊》1991年第2期。

[15] 晁福林:《商鞅史事考》,《中国史研究》1994年第3期。

[16] 晁福林:《商鞅变法史事考》,《人文杂志》1994年第4期。

[17] 杜丽荣:《〈商君书〉语词杂考》,《山东大学学报》2004年第4期。

[18] 朱绍侯:《商鞅变法与秦国早期军功爵制》,《零陵学院学报》2004年第5期。

[19] 邵文利、杜丽荣:《〈汉语大词典〉等工具书"军爵"、"公爵"条目献疑》,《学术界》2004年第6期。

作者谨识

这本小书得以面世,要特别感谢业师晁福林先生多年的指导与督促。小书的撰写,始于笔者的博士论文。部分内容曾在《北京师范大学学报》、《史学史研究》、《东北师大学报》、《国家博物馆馆刊》、*Contemporary Chinese Thought* 等国内外学术期刊上发表过,部分章节也见于台湾花木兰文化出版社出版的《出土文献与〈商君书〉综合研究》。本次写作,对之前的谬误之处予以更正,重点集中于商鞅生平及其改革实践,整体结构做了重新调整,删繁就简,并参考最新研究成果补充完善。

小书能顺利出版,还要感谢河南人民出版社编辑张洁琼女士,她的悉心审读和反复校对避免了诸多讹误。文中其他错误,全在笔者,尚祈博文方家批评指正!

仝卫敏
2019 年 12 月 27 日